Seu **PARCEIRO** é **"PERFEITO"** para você?

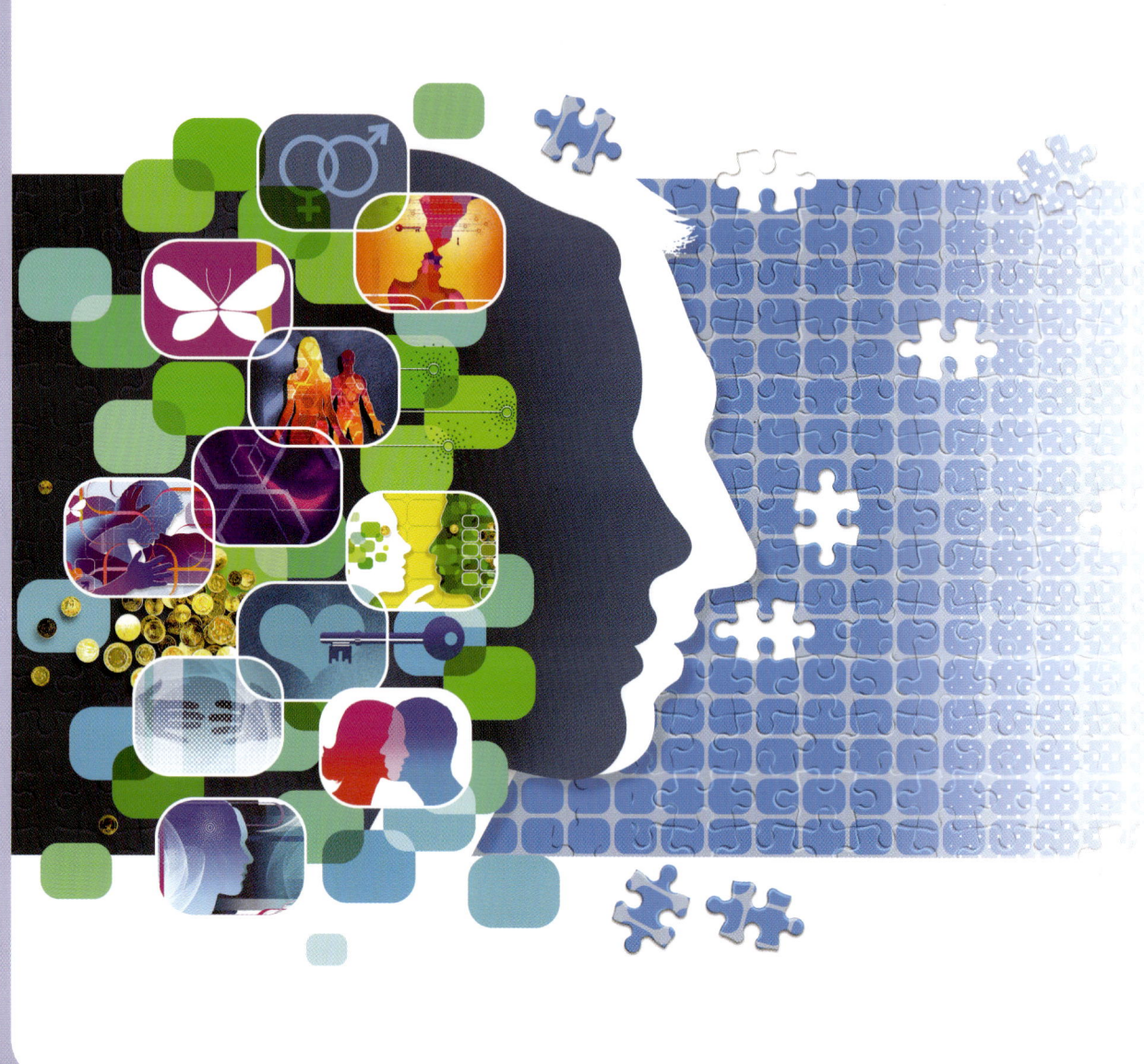

Seu PARCEIRO é "PERFEITO" para você?

50 MANEIRAS DIFERENTES DE CONHECER MELHOR A PESSOA AMADA

PHILLIP HODSON
e Joel Levy

Tradução: Henrique Amat Rêgo Monteiro

EDITORA PENSAMENTO
São Paulo

Título original: How "Perfect" is your Partner?

Copyright do texto © 2004 Phillip Hodson.

Traduzido do original publicado pela
Carroll & Brown Publishers Limited
20 Lonsdale Road
London NW6 6RD

Ilustrações e compilação © 2004 Carroll & Brown Limited.

Todos os direitos reservados. Nenhuma parte deste livro pode ser reproduzida ou usada de qualquer forma ou por qualquer meio, eletrônico ou mecânico, inclusive fotocópias, gravações ou sistema de armazenamento em banco de dados, sem permissão por escrito, exceto nos casos de trechos curtos citados em resenhas críticas ou artigos de revistas.

Dados Internacionais de Catalogação na Publicação (CIP)
(Câmara Brasileira do Livro, SP, Brasil)

Hodson, Phillip
    Seu parceiro é "perfeito" para você? : maneiras diferentes de conhecer melhor a pessoa amada / Phillip Hodson, Joel Levy ; tradução Henrique Amat Rêgo Monteiro. — São Paulo : Pensamento, 2004.

    Título original: How "perfect" is your partner?
    ISBN 85-315-1382-0

    1. Amor 2. Atração interpessoal 3. Companheiro conjugal — Escolha 4. Comunicação interpessoal 5. Homem — Mulher — Relacionamento I. Levy, Joel. II. Título.

04-8028   CDD-646.77

Índices para catálogo sistemático:
1. Companheiro conjugal : Escolha : Vida Familiar 646.77

O primeiro número à esquerda indica a edição, ou reedição, desta obra.
A primeira dezena à direita indica o ano em que esta
edição, ou reedição, foi publicada.

Edição   Ano
1-2-3-4-5-6-7-8-9-10-11   05-06-07-08-09-10-11

Direitos de tradução para o Brasil
adquiridos com exclusividade pela
EDITORA PENSAMENTO-CULTRIX LTDA.
Rua Dr. Mário Vicente, 368 — 04270-000 — São Paulo, SP
Fone: 6166-9000 — Fax: 6166-9008
E-mail: pensamento@cultrix.com.br
http://www.pensamento-cultrix.com.br
que se reserva a propriedade literária desta tradução.

Impresso em nossas oficinas gráficas.

1 Vocês São Compatíveis Fisicamente?

Os Seus Dedos Médios Combinam? 16
Qual É o Seu Padrão de Beleza? 18
O Teste da Camiseta Usada 22
Vocês Têm Muita Energia? 24
Vocês se Encaixam no Perfil Ideal? 26
Qual É a Sua Verdadeira Idade? 28
Os Seus Hábitos de Dormir São Compatíveis? 30

2 Vocês São Compatíveis Sexualmente?

Os Históricos Sexuais de Vocês Combinam? 36
Vocês Estão à Vontade com a Própria Sensualidade? 38
O Teste da Fidelidade 40
Vocês Conversam Francamente Sobre Sexo? 42
A Libido de Vocês Coincide? 44
Os Estilos Sexuais de Vocês São Compatíveis? 46

SUMÁRIO

Prefácio de Anne Hooper 6   Introdução 8

3 Vocês São Compatíveis Psicologicamente?

Vocês São Extrovertidos ou Introvertidos? 52
Você É Tão Consciencioso Quanto o Seu Parceiro? 54
Vocês Estão Abertos a Novas Experiências? 56
Você é Tão Agradável Quanto o Seu Parceiro? 58
O Teste da Neurose 60
Você É Mais Inteligente Que o Seu Parceiro? 62
Qual É o Seu Nível de Inteligência Emocional? 66
Vocês Têm a Mesma Capacidade Criativa? 70
Vocês Têm Bom Humor? 72
Vocês Ficam Entediados Um com o Outro? 74
Qual É o Seu Quociente de Felicidade? 76
Vocês Compartilham Eventos Pessoais Semelhantes? 78
O Que Revela o Seu Lugar na Ordem de Nascimento? 80
O Teste do Ambiente Familiar 82
Vocês Têm Gostos Semelhantes? 84
A Relação Entre Elogios e Críticas 88
Qual É o Seu Estilo de Discussão? 90
Qual É o Seu Perfil no Amor? 92

4 Vocês São Compatíveis Social e Economicamente?

Uma Questão de Classe 100
Qual É o Seu Lugar de Origem? 102
O Teste das Amizades 104
Vocês Têm os Mesmos Antecedentes Étnicos? 106
Vocês Têm as Mesmas Crenças? 108
Dinheiro É Problema no Seu Relacionamento? 110
O Teste da Carreira 112
Vocês Têm as Mesmas Opiniões Políticas? 114
Vocês Têm Planos de Vida a Longo Prazo? 116

5 Vocês São Compatíveis Espiritualmente?

Está Escrito nas Estrelas 122
Os Elementos e Humores de Vocês São Compatíveis? 124
O Que Revelam as Cartas do Tarô 126
O I Ching 130
O Jogo dos Números 134
O Que Revela a Sua Assinatura? 136
Vocês Acreditam em Percepção Extra-sensorial? 138
Vocês São Capazes de Interpretar Sinais Mentais? 140
Vocês Já Tiveram Experiências Paranormais? 142

6 Considerando Todos os Resultados

A Sua Classificação de Compatibilidade Global 146
Plano Hodson para o Relacionamento Perfeito 152
As Regras para o Diálogo Construtivo 154

Índice Remissivo 156
Agradecimentos 160

Prefácio

Há muito tempo se sabe que os conselheiros matrimoniais profissionais são mais bem-sucedidos na seleção de casais para um relacionamento duradouro do que se as coisas fossem deixadas ao acaso. Uma pesquisa realizada no início da década de 1970 revelou que as agências matrimoniais, ao indicar setores de compatibilidade, têm maior capacidade de unir as pessoas. Então, seria o caso de abandonarmos os nossos ideais românticos ocidentais e contratar a agência matrimonial mais próxima da nossa casa ou do trabalho? Bem, os conselheiros matrimoniais podem ser eficientes, mas os seres humanos têm a inconveniente tendência de se deixar levar pela atração sexual. No momento em que você se preocupa em considerar a segurança oferecida pelos testes de personalidade, já está alucinado pela pessoa que se encontra ao seu lado (e quero dizer "alucinado" mesmo). Transtornado pelo desejo sensual, a última coisa a passar pelos seus pensamentos seria o bom senso de analisar as verdadeiras compatibilidades de ambos.

Assim sendo, este é um livro excepcionalmente valioso para os casais recém-constituídos, porque permite verificar a realidade mesmo durante a etapa do "desejo intenso". Se vocês já estiverem se sentindo arrebatados pelo desejo, poderão fazer uma verificação em retrospecto. Ou, se já estiverem vivendo um relacionamento de longa duração, poderão usar o livro para analisar os campos em que o relacionamento é mais forte e ressaltar aqueles em que pode estar precisando de um pouco mais de atenção.

A maioria dos casais em um relacionamento estável em geral vê a vida de maneira parecida ou compartilha valores semelhantes. No entanto, mesmo entre os casais com expressivas diferenças pessoais, este livro pode ter um papel importantíssimo. Conflitos sempre acontecem nos relacionamentos, mas a fórmula do sucesso para a sua sobrevivência leva em conta a maneira como o casal resolve os próprios problemas. Com este livro, o casal poderá analisar as suas afinidades por meio de 50 testes comprovados, além de encontrar sugestões criativas sobre como superar as diferenças.

Seu Parceiro é "Perfeito" para Você? também considera o fato de que, hoje em dia, mudanças importantes estão acontecendo no que diz respeito à maneira como homens e mulheres encaram um compromisso permanente. Antes de mais nada, a grande maioria das pessoas, independentemente de estar ou não casada no momento, considera o nascimento dos filhos como o verdadeiro compromisso permanente com o futuro. E as estatísticas mostram que os casais de hoje em dia refletem muito e profundamente antes de embarcar nas alegrias e percalços da formação dos filhos. Em segundo lugar, atualmente, mais do que nunca as pessoas preferem permanecer solteiras. Cerca de um sexto dos lares é composto por pessoas solteiras. Até mesmo está previsto que 30 por cento das mulheres vão evitar a maternidade como uma escolha pessoal.

Eu não estou querendo dizer com isso que perdemos a confiança em relacionamentos duradouros, mas apenas que esses são mais difíceis de controlar no novo ambiente social, em que as mulheres têm uma participação praticamente idêntica à dos homens. Ao contrário, acho que todos desejamos um parceiro, mas os nossos padrões de exigências estão mais elevados. Se você perguntar a homens e mulheres jovens o que esperam da vida, eles ainda irão declarar maciçamente que anseiam "amar e ser amados". Essa importante necessidade ainda não desapareceu.

O autor deste livro, Phillip Hodson, psicoterapeuta e sexólogo, passou a maior parte da vida ajudando pessoas apaixonadas a tirar o máximo proveito possível do seu relacionamento estável e da vida em família. Famoso como psicólogo, pelas suas entrevistas no rádio e na televisão britânicos, neste livro ele transforma a sua experiência em aconselhamento numa série de testes muito interessantes. Por meio de perguntas e sugestões bem colocadas e inteligentes vocês poderão descobrir os seus pontos fortes e fracos, tanto do ponto de vista do indivíduo quanto do casal. Vocês também poderão se conhecer melhor e, além disso, divertir-se muito com isso. A diversão parece ter sido deixada de lado na equação do relacionamento, muito embora ainda seja um dos elementos mais atraentes quando duas pessoas se conhecem.

Os métodos de Phillip funcionaram perfeitamente comigo. Devo esclarecer e declarar aqui que eu própria mantenho um relacionamento que já se estende por mais de trinta anos, e que passou por tempestades e dias ensolarados. O homem a quem amo me ensinou muita coisa ao longo de todo esse período, mas eu espero e presumo que ele tenha aprendido bastante comigo também. Ao descobrir que o homem da minha vida é o autor deste livro, vocês entenderão por que considero as técnicas dele tão convincentes. Muitos dos métodos e idéias incluídos entre estas capas ajudaram-nos a sobreviver até a nossa atual etapa da vida no que diz respeito ao amor, ao afeto e à compatibilidade sempre presente. Afinal, quem não provar do pudim não conhecerá o sabor que tem.

Anne Hooper

Introdução

O tema principal deste livro é que as pessoas com temperamento e personalidade semelhantes são mais bem-sucedidas juntas. É a Regra da Semelhança. Ao contrário da crença popular tradicional, os opostos *nunca* se atraem com igual intensidade. Até mesmo quando pessoas em polaridades opostas se casam, raramente conseguem viver em harmonia. São muito maiores as probabilidades de elas acabarem numa audiência de divórcio do que de envelhecer juntas em suas cadeiras de balanço na varanda.

Quanto mais você se parece com o seu parceiro, mais afinidades vocês têm juntos e maiores serão as possibilidades de o seu relacionamento vir a ser bastante duradouro. Essa regra se aplica desde até mesmo o nível mais básico das características físicas como o comprimento dos dedos, até as mais complicadas características sociais e culturais.

Mais de 90 por cento dos casais nos maiores países ocidentais pertencem à mesma, e na maioria das vezes têm a mesma religião, educação, classe social, inteligência e até as mesmas características físicas, como a forma do corpo. De maneira característica, até mesmo os casais que se encontram com uma certa regularidade compartilham os mesmos valores políticos, opiniões sobre o sexo e os papéis sexuais. Os casais que são os mais semelhantes no início do relacionamento também são os que têm a maior probabilidade de continuar juntos pelo resto da vida. Os casais que passam por menos conflitos conjugais são aqueles cujas personalidades se assemelham. Eles normalmente até gostam dos mesmos programas de televisão. Quando procuramos um parceiro para toda a vida, parece que buscamos uma espécie de dublê.

Complementaridade versus semelhança

A única evidência que contradiz esse princípio geral envolve as nossas células reprodutoras. Nesse caso, a natureza requer que evitemos a união com as pessoas que são excessivamente semelhantes geneticamente. Se todos nos casássemos com os nossos irmãos, como os faraós do Egito antigo, haveria um risco maior de endogamia. Podemos chamar a esse princípio de Regra da Complementaridade — o oposto da Regra da Semelhança. Como podemos explicar a aparente contradição entre a Regra da Semelhança e a Regra da Complementaridade? Esta última parece se aplicar apenas no nível genético, que é elementar, ao passo que a primeira se aplica a coisas significativas como aspirações, ideais e se vocês dois gostam dos *Simpsons*. Talvez a explicação esteja no campo da psicologia evolutiva, um ramo da ciência que estuda a razão pela qual os seres humanos evoluíram com os seus comportamentos típicos.

A psicologia evolutiva sugere que, quando se trata da reprodução, o que mais importa, o que conta mesmo é a qualidade da contribuição genética que um parceiro pode oferecer à prole que seja da maior importância. Esse é um terreno em que a Regra da Complementaridade se aplica (como veremos na Primeira Parte, em alguns setores decisivos em que os pais precisam ser geneticamente distintos para aprimorar a eventual qualidade genética da prole), e essa regra é ainda responsável pela curta duração de muitos casamentos, mesmo entre casais com filhos.

Por outro lado, regras diferentes se aplicam quando você está procurando um parceiro para toda a vida. Nessa situação, você não está preocupado com o código de aminoácidos de determinados genes, mas se vocês serão capazes de se amar nos próximos vinte anos. Nesse caso, é a Regra da Semelhança que se aplica. Em resumo, a complementaridade é importante quando se trata de se dar bem; a semelhança quando é o caso de ser bem-sucedido. É por isso que é possível gostar de uma pessoa desconhecida em relação a quem você não tem nada mais em comum a não ser o desejo de ir para a cama, e porque o sexo em um relacionamento estável pode não ser inteiramente responsabilizado por uma eventual separação.

Amor emocional

Quando nos apaixonamos loucamente por alguém, começamos a usar uma linguagem muito reveladora. Dizemos coisas do tipo: "Parece que conheço você a vida inteira"… "Você é a minha outra metade"… "Adivinho o que você vai dizer antes mesmo de você abrir a boca para falar"… "Você se parece comigo". Quando você é muito jovem e não tem muita experiência de vida, as primeiras pessoas por quem você tende a se apaixonar são os seus pais. Portanto, as qualidades que você irá admirar nos outros terão como base os traços e as tradições familiares. Não quero dizer que você precise sentir atração por morenas de olhos escuros só porque essas eram as características faciais da sua mãe ou do parente mais próximo do sexo oposto. Quero dizer que o "tipo" de pessoa que deverá atrair você provavelmente terá o mesmo tipo de olhar que lembre a imagem que você guardou das pessoas mais próximas da sua origem. Durante a maior parte da sua vida, é bem provável que você tenha procurado, ainda que de maneira inconsciente, por uma pessoa que na verdade lembre a você mesmo, conforme este livro irá provar.

Como usar este livro

Seu Parceiro é "Perfeito" para Você? divide-se em partes respectivamente sobre as compatibilidades físicas, sexuais, psicológicas, econômicas e sociais, e mentais ou espirituais, e contém uma última parte sobre como combinar todos os resultados para encontrar uma classificação quanto à harmonia global entre você e o seu parceiro. No fim do livro, você ainda encontra o meu plano para um relacionamento ideal (ou idealizado) sob o título até certo ponto enganoso de "relacionamento perfeito", muito embora eu esteja bem consciente do fato de que nada na vida humana é perfeito.

Você pode fazer os testes na seqüência dada, saltar de um para outro à vontade ou escolher uma ordem baseada nos assuntos que mais lhe interessem, mas é muito importante considerar esses testes apenas como referência. Os testes não foram aplicados numa amostra significativamente grande de pessoas para que se possa afirmar qual seria a pontuação média para uma determinada população, muito embora isso não importe em praticamente todos os casos, porque usamos os testes como uma forma de comparação. Em outras palavras, o que é importante não é qual a sua pontuação em relação a uma população "média", mas qual a sua pontuação em relação ao seu parceiro.

Este livro contém testes que são tanto significativos quanto divertidos, e embora o texto explicativo de cada teste lhe dê uma idéia do grau de seriedade com que você deve considerar os seus resultados, na eventualidade de os seus resultados e os do seu parceiro não combinarem num determinado teste, a parte final do livro se antecipa nesse sentido e lhes oferece uma instrumentação conveniente para ajudá-los a interpretar o significado geral dos seus resultados.

Devo ressaltar que quando você calcular a Classificação de Compatibilidade Global (veja a pág. 146) o objetivo não é provocar a separação ou o divórcio, muito pelo contrário, a finalidade é estimular o início de um diálogo entre você e o seu parceiro. Um livro como este só pode ser um ponto de partida para analisar a relação entre vocês. Cada relacionamento é diferente do outro e tem os seus problemas específicos que só podem ser resolvidos adequadamente por você e o seu parceiro, quem sabe com alguma orientação de um profissional. Um terapeuta ou alguém do tipo (e os conselheiros podem ser das mais variadas origens, desde os amigos ou os pais até um padre ou psiquiatra) pode dar conselhos e idéias de acordo com o caso específico com uma propriedade que um livro não tem como alcançar.

Boas novas sobre a convergência emocional

Não obstante, se você e o seu parceiro têm a felicidade de compartilhar personalidades e interesses semelhantes, o lado bom disso tudo é que as coisas podem ficar ainda melhores. Depois que os efeitos da lua-de-mel inicial passarem, e a freqüência sexual for se reduzindo de relações diárias a uma relação em um certo número de dias, tende a entrar em cena um novo elemento de reforço do relacionamento.

Os psicólogos da Northwestern University, em Evanston, no estado americano de Illinois, identificaram um fenômeno a que chamaram de "convergência emocional". Nesse sentido, com o passar do tempo, os parceiros começam a ver os aspectos mais importantes da vida de perspectivas semelhantes. Eles têm reações idênticas ou semelhantes em relação aos altos e baixos mais significativos. Chegam a completar as frases um do outro. As inibições secundárias desaparecem. As mulheres que antes nunca riam alto, por exemplo, chegam até a gargalhar. Por mais que um dos parceiros defenda uma causa de maneira radical, o outro parceiro mesmo assim o respeita cada vez mais. O efeito também se aplica ao mau comportamento, infelizmente. O coordenador da pesquisa, o dr. Cameron Anderson, cita o caso da estrela de cinema Elizabeth Taylor, que começou a gostar de beber e de praguejar em excesso com o marido alcoólatra, Richard Burton. O pesquisador diz que em geral é surpreendente como as pessoas se transformam em matéria de emoções e inibições em conseqüência do relacionamento. Pode ser que essa pesquisa nos ajude a demonstrar a verdade por trás do nosso ideal romântico ocidental: que, com o tempo e a convivência amorosa, duas pessoas tendem a se tornar uma só.

PHILLIP HODSON

PRIMEIRA PARTE

Vocês São Compatíveis Fisicamente?

ANTECEDENTES

O fator mais óbvio na determinação da compatibilidade física é o que se manifesta na primeira vez que você e o seu parceiro se vêem — a atração física. O fato de vocês se acharem atraentes para iniciar um relacionamento indica um nível elevado de compatibilidade física. Os testes nesta parte do livro tratam de alguns elementos que podem estar envolvidos, embora vocês não tenham percebido, nessa atração física imediata, juntamente com outros elementos cujos efeitos só irão se tornar evidentes a longo prazo.

Semelhança física

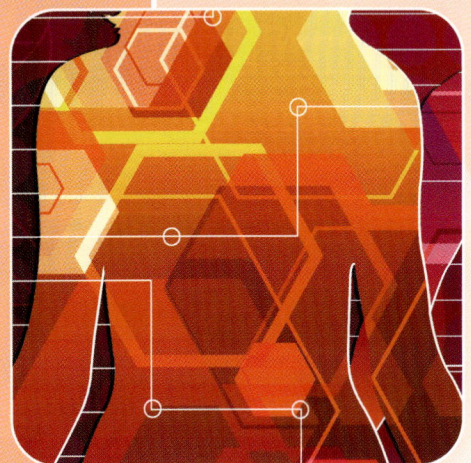

Conforme vimos na Introdução, o ingrediente essencial para a compatibilidade a longo prazo na maioria dos casais é a semelhança. O que pode lhe surpreender é que isso se estenda até mesmo à compatibilidade física. Muitos de nós provavelmente não apreciem a idéia de que escolhemos o parceiro porque é fisicamente parecido conosco, mas a semelhança física não está apenas à flor da pele e isso não significa simplesmente que você só seja atraído por quem se parece com você.

O tipo de características físicas em que a semelhança não parece importante varia desde o óbvio — coisas como altura e peso — até o inesperado — como o comprimento dos dedos. Incluem-se aí até mesmo características invisíveis: por exemplo, as pesquisas demonstram que os casais têm níveis semelhantes de nitrogênio no sangue. As características físicas são mais ou menos controladas pelos nossos genes, e esse tipo de pesquisa convenceu muitos cientistas de que as pessoas são de alguma forma atraídas para aquelas que têm genes semelhantes aos delas. Na verdade, a imposição aparente da busca inconsciente de semelhança genética poderia ser a razão oculta pela qual a semelhança é a regra da compatibilidade.

Por que as pessoas com genes semelhantes se atraem

No que diz respeito à natureza, o motivo de você permanecer com alguém é ter filhos e assegurar que os seus genes sejam transmitidos para a geração seguinte, e qual a melhor maneira de fazer isso que acasalar com alguém que tenha genes semelhantes aos seus? Os tabus que envolvem o incesto impedem-nos de levar essa lógica longe demais, mas fora da sua família você provavelmente sentirá maior atração pelas pessoas que tenham genes semelhantes aos seus. As semelhanças genéticas se manifestam de maneiras interessantes — conforme você vai ver mais adiante nesta parte do livro, ainda que o comprimento do seu dedo médio seja um fator determinante importante. No entanto, nem sempre é o que acontece. Conforme veremos no Teste da Camiseta Usada, ter genes complementares às vezes é um fator importante na compatibilidade genética.

As leis da atração

Elementos ligeiramente mais concretos desempenham um papel importante no que torna alguém atraente. Nos tempos pré-históricos, sustentam os biólogos evolucionistas, as características mais importantes de um casal eram a capacidade de sobreviver e a fertilidade (chamadas, de maneira geral, de "aptidão"), e as nossas leis de atração conscientes e inconscientes teriam evoluído para nos tornar mais capazes de assinalar essas qualidades. Devíamos procurar as sugestões sutis que indicavam que o companheiro ideal seria forte, esperto, habilidoso, saudável, bom provedor e capaz de sobreviver ao nascimento dos filhos e de criá-los bem. Na verdade, segundo a teoria, ainda estamos assim, e são essas sugestões sutis que fazem alguém nos parecer atraente. Os testes direcionados para a beleza, a simetria e a idade avaliam até que ponto você e o seu parceiro combinam quando se trata dessas insinuações.

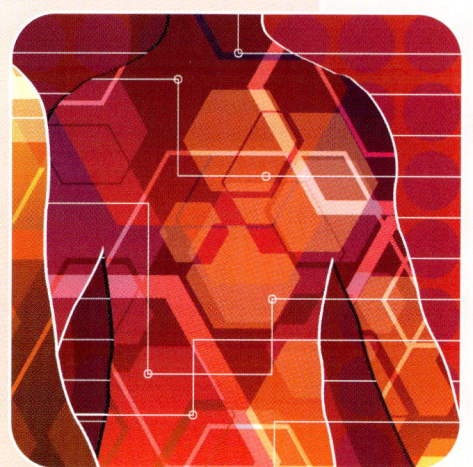

Os outros testes desta parte do livro consideram diferentes aspectos da compatibilidade física, como os modelos mentais inconscientes a que recorremos para escolher o companheiro e a questão puramente prática de verificar se vocês combinam quanto aos seus horários de dormir.

O olhar do observador

Basicamente, porém, não deveríamos nos distanciar da importância de muitas dessas questões de compatibilidade física. Para começar, muitos desses fatores são mais fundamentais nas primeiras etapas da atração, e você obviamente já se sente atraído pelo seu parceiro ou não estaria lendo este livro! Em segundo lugar, embora no seu passado evolutivo os bons genes ou marcadores de aptidão tenham sido importantes, o que mais importa agora é a compatibilidade a longo prazo, o que vamos analisar nas partes finais do livro.

Os Seus Dedos Médios Combinam?

Ao contrário do que afirma a sabedoria popular, os opostos *não* se atraem tanto quanto os "semelhantes". Quanto mais semelhante você for em relação ao seu parceiro, mais compatíveis vocês serão e maiores serão as suas possibilidades de ser bem-sucedidos num relacionamento duradouro.

Os antropólogos descobriram que os casais tendem a apresentar semelhanças físicas exteriores. Surpreendentemente, o traço físico que mais se assemelha nos casais é o comprimento do dedo médio. O comprimento do dedo também pode indicar níveis hormonais — outro fator correlato. Por que isso acontece? Tudo está relacionado com a genética. O comprimento do seu dedo médio é fortemente determinado pelos seus genes, embora outros fatores, como o tipo de alimentação na infância, também desempenhem um papel importante. Os cientistas concluíram que as pessoas de alguma forma são atraídas para aquelas que têm genes semelhantes aos seus, incluindo os genes que determinam o comprimento do dedo médio. Uma conseqüência disso é que um casal tem grande probabilidade de descobrir que tem os comprimentos dos seus dedos médios correspondentes entre si. Em outras palavras, os dedos médios de vocês não são os responsáveis diretos pela sua união, mas funcionam como um marcador de semelhança genética.

Teste 1: Comprimento do Dedo Médio

Simplesmente determine se o seu dedo é mais comprido ou mais curto do que a média, e como o comprimento relativo do seu dedo se compara com o do seu parceiro.

- Meça o comprimento do dedo médio da sua mão direita, desde o ponto onde ele se articula com a palma até a extremidade, e tome a mesma medida no seu parceiro.
- Compare os resultados com a média do seu sexo.

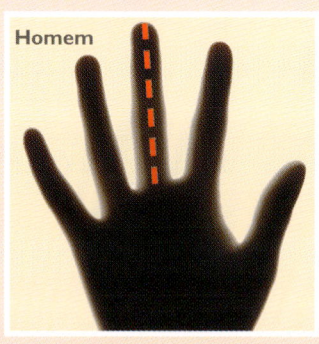

Homem
O comprimento normal do dedo médio nos homens é de 9,3 centímetros.

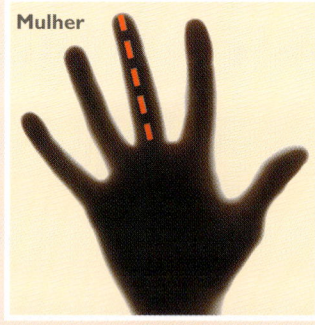

Mulher
O comprimento normal do dedo médio nas mulheres é de 8 centímetros.

INTERPRETAÇÃO DOS RESULTADOS

Combinam Vocês dois têm o dedo médio com comprimento normal (some ou subtraia 2 milímetros); ambos têm o dedo médio mais longo do que a média; ou vocês dois têm o dedo médio mais curto do que a média.

Não combinam Se os seus dedos forem muito diferentes, a causa pode ser algo tão simples quanto o tipo de alimentação na infância. Muitas pessoas que têm genes para o dedo médio comprido acabam com o dedo curto, e vice-versa, por causa de alguma peculiaridade no desenvolvimento.

O QUE FAZER EM CASO DE DESARMONIA

O fato de o comprimento dos dedos não combinar não é um desastre; mas pode indicar diferenças no relacionamento. Vocês não podem mudar os seus genes, mas podem usar os resultados do seu teste como base para discussão. Conversem sobre as suas diferenças, ou tentem fazer uma lista do que gostam um no outro, ao lado de uma lista dos aspectos do relacionamento que achem mais desafiadores. As listas positivas podem ajudá-los a superar as opiniões mais inflexíveis do parceiro.

VOCÊS SÃO COMPATÍVEIS FISICAMENTE?

A relação entre o comprimento dos seus dedos indicador e anular (os dedos conhecidos como D2 e D4) é determinada em parte pelos níveis de hormônios sexuais que o seu corpo produz. Os homens que produzem grandes quantidades de testosterona geralmente têm o dedo anular mais comprido em relação ao dedo indicador, e conseqüentemente um quociente D2:D4 baixo. As mulheres que produzem níveis elevados de hormônios sexuais femininos, como o estrogênio, a prolatina e o hormônio luteinizante, geralmente têm o dedo anular mais curto em relação ao dedo indicador, e conseqüentemente um quociente D2:D4 alto.

Teste 2: Relação do Comprimento dos Dedos Indicador e Anular

• Estenda a mão direita sobre uma mesa e meça, em centímetros, o comprimento dos seus dedos indicador e anular, desde a "ponta" até onde eles se articulam na palma.
• Divida o valor encontrado para o dedo indicador pelo que encontrou para o dedo anular.
Por exemplo, se o seu dedo indicador tem 8 cm de comprimento e o seu anular 9 cm, o quociente D2:D4 é 8/9, ou 0,889.
• Para ver se o seu resultado é alto, médio ou baixo, compare com o resultado na tabela (à direita).

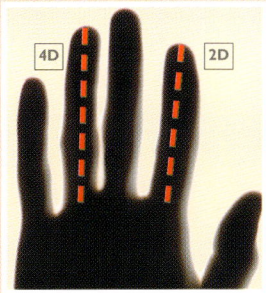

Quociente baixo
dedo anular maior que o dedo indicador

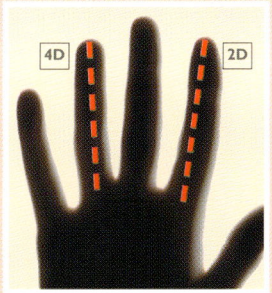

Quociente alto
dedo indicador maior que o dedo anular

INTERPRETAÇÃO DOS RESULTADOS

QUOCIENTE D2:D4 DA MÃO DIREITA

	Homens	Mulheres
Alto	0,959 ou mais	0,976 ou mais
Médio	0,953 – 0,958	0,968 – 0,975
Baixo	0,952 ou menos	0,967 ou menos

Em geral, os homens que têm quociente D2:D4 baixo e níveis superiores de testosterona são mais compatíveis com mulheres com quociente D2:D4 alto e níveis elevados de estrogênio e vice-versa. Portanto, duas pessoas de categorias opostas têm maior probabilidade de ser compatíveis (do mesmo modo, se vocês dois caírem na categoria média, terão maior probabilidade de ser mais compatíveis).

Por meio do seu quociente D2:D4 você pode descobrir coisas importantes sobre si mesmo e sobre as características do parceiro que podem torná-lo mais compatível. Por exemplo, um homem com níveis elevados de testosterona tem maior probabilidade de ser mais agressivo e dominador e sentir-se mais atraído por mulheres femininas que complementem essas características. Mas existe uma inversão no caso: esse tipo de homem pode preferir mulheres que coincidam com ele em agressividade e vigor.

Qual É o Seu Padrão de Beleza?

Obviamente, a beleza é um fator preponderante para determinar se uma pessoa é atraente. Os psicólogos descobriram que até mesmo as pessoas bonitas se beneficiam de algo chamado "efeito de halo", pelo qual elas são consideradas mais inteligentes, mais competentes, mais charmosas e mais agradáveis do que as pessoas menos atraentes, apenas com base na sua aparência. Os biólogos evolucionistas descobriram que, em geral, os elementos que constituem a beleza masculina e feminina são tanto aqueles que indicam alguns níveis de exposição aos respectivos hormônios sexuais, como queixo e perfil da mandíbula fortes nos homens, ou quadris largos e cintura estreita nas mulheres, ou aqueles que indicam boa resistência a doenças, como características normais, regulares (veja o Teste de Simetria, pág. 20).

A SUA CATEGORIA PESSOAL

No entanto, embora a beleza possa tornar alguém mais atraente, ela não torna essa pessoa necessariamente mais desejável por sua compatibilidade como companheiro. Ao contrário do que indica a intuição, essa descoberta tem-se repetido em diversas pesquisas acadêmicas, o que sugere que os parceiros que preferimos mais são aqueles que classificamos como tendo um padrão de beleza semelhante ao nosso. Portanto, o que se conclui é que a percepção que você tem da sua própria aparência é o que determina a aparência que você busca em um parceiro. Em outras palavras, o poder de atração da beleza é relativamente determinado e não absoluto.

Alguém com uma percepção inferior de si mesmo — isto é, que não se atribui uma classificação elevada em uma escala de atratividade —, ao fazer par com alguém que classifica como altamente atraente, tem maior probabilidade de sentir-se infeliz num relacionamento a longo prazo com essa pessoa do que se estiver ligado a alguém a quem classifique como tão atraente como considera a si mesmo.

A classificação que você atribui a si mesmo não é necessariamente a mesma que você receberia de uma banca julgadora independente. Ela reflete a sua auto-estima. Como conseqüência disso, as pessoas que têm uma auto-estima mais elevada sentem-se mais à vontade com parceiros mais bonitos, o que responde à clássica pergunta: "Como é que essa pessoa conseguiu alguém assim tão bonito?"

O Teste

A seguir, são dadas as escalas de classificação da beleza (10 para muito bonito e 1 para definitivamente feio) para você e o seu parceiro. Com a máxima honestidade possível, escolha uma que classifique você e outra classificando o seu parceiro. Em seguida, compare as classificações. Talvez seja diplomático da sua parte não deixar o parceiro saber como você o classificou no teste.

Você

10	9	8	7	6	5	4	3	2	1

Seu parceiro

10	9	8	7	6	5	4	3	2	1

VOCÊS SÃO COMPATÍVEIS FISICAMENTE?

INTERPRETAÇÃO DOS RESULTADOS

As classificações com uma diferença de três pontos entre si favorecem a harmonia. As classificações com uma diferença de 4 ou mais pontos são consideradas desarmoniosas.

O QUE FAZER EM CASO DE DESARMONIA

Você obteve mais pontos que o seu parceiro O fato de você ter atribuído ao seu parceiro uma pontuação significativamente menor que a sua no quesito beleza sugere uma certa insatisfação com a sua escolha. Pense nas qualidades que atraíram você para o seu parceiro, as quais podem ser menos evidentes do que a beleza física. Até que ponto você é capaz de fazê-lo depende de quanto você se deixa levar pelos valores e julgamentos sociais convencionais (veja Vocês Estão Abertos a Novas Experiências?, pág. 56).

Você obteve menos pontos que o seu parceiro Isso só será um problema se você achar que a diferença deixa você pouco à vontade. Algumas pessoas se satisfazem em se classificar como menos atraentes fisicamente do que o parceiro porque confiam que as suas outras virtudes são mais do que satisfatórias. No entanto, se a diferença for um problema para você, tenha em mente que, conforme comentei nos antecedentes a este teste, a percepção pessoal não tem necessariamente muito a ver com os julgamentos objetivos de beleza ou atração. Procure aumentar a sua auto-estima com exercícios como da visualização de cenários positivos, de fazer afirmações (como dizer a si mesmo: "Sou uma pessoa bonita") e aprendendo a se dar o crédito adequado pelas suas conquistas.

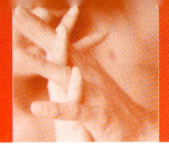

Teste de Simetria

Para entender o que constitui um rosto bonito, os psicólogos analisaram os mínimos detalhes dos traços faciais que são considerados "bonitos" por grupos de observadores, e as faces de modelos e artistas famosos pela sua aparência física. Entre as descobertas mais significativas inclui-se a revelação de que a simetria bilateral é um componente importante da beleza. Os rostos que são simétricos em relação a uma linha vertical que o corte pelo meio são considerados os mais belos, e os rostos de modelos e artistas universalmente considerados belos exibem exatamente essa simetria bilateral.

Além disso, essa descoberta não se aplica apenas aos seres humanos. Outros animais também demonstram a mesma preferência pela simetria. Por exemplo, os pássaros parecem considerar os parceiros com penas da cauda simétricas mais atraentes do que aqueles que não apresentam essa característica. Se você cortar alguns pedaços da cauda de um pássaro "atraente" ele de repente deixará de ser tão irresistível.

Por que essa simetria bilateral nos atrai tanto? Como será que chegamos a considerá-la bonita? A resposta parece ser que ela está relacionada à "competência do desenvolvimento" — uma característica genética e fisiológica ou, em termos leigos, bons genes e boa saúde.

Durante o desenvolvimento, um determinado número de fatores tem a possibilidade de interferir na constância do desenvolvimento de cada lado do nosso corpo, causando o que é conhecido como assimetria flutuante. Doenças, lesões, mutações nocivas, má nutrição — todos esses fatores podem impedir-nos de nos desenvolver simetricamente e fazer um lado do corpo parecer diferente do outro. Assim, a simetria bilateral funciona como um marcador, indicando a presença de genes bons, um bom sistema imunológico, resistência a doenças, capacidade física de evitar lesões etc. O rosto do seu parceiro revela um grau alto ou baixo de competência do desenvolvimento? Este teste ajudará você a decidir.

O Teste

Neste tipo de teste, normalmente, as fotografias dos rostos são processadas por computador, para proporcionar uma medida exata da simetria, mas aqui você vai usar um método muito menos técnico para fazer um julgamento inteiramente subjetivo da simetria bilateral do rosto do seu parceiro.

1 Escolha uma fotografia grande (se possível, de 20 x 25 cm) do rosto do seu parceiro.

2 Corte uma folha de papel vegetal do tamanho da foto e desenhe uma grade de 80 quadrados.

3 Sobreponha o papel vegetal à foto e trace o contorno do rosto do seu parceiro, incluindo o desenho da mandíbula e dos traços mais importantes (olhos, nariz, boca, sobrancelhas, orelhas, linha do cabelo), para obter um esboço bem delineado. A grade facilita o desenho das características pessoais.

VOCÊS SÃO COMPATÍVEIS FISICAMENTE

4 Dobre o desenho pelo meio do papel e corte-o pela metade, ao longo dessa linha.

5 Pegue a metade esquerda e vire-a para cima, então use outra folha de papel de desenho, cortada do mesmo tamanho, para passar o desenho sobre ela.

6 Vire a metade esquerda original do outro lado sobre a folha e una as duas metades. Repita o procedimento com a metade direita da face. Agora você tem duas imagens que mostram duas versões de como o seu parceiro seria se o rosto dele fosse exatamente simétrico. Então compare as versões simétricas desenhadas entre elas mesmas e com a foto verdadeira. Quais as semelhanças entre as imagens? Você as classificaria como muito semelhantes, não muito semelhantes ou totalmente dessemelhantes?

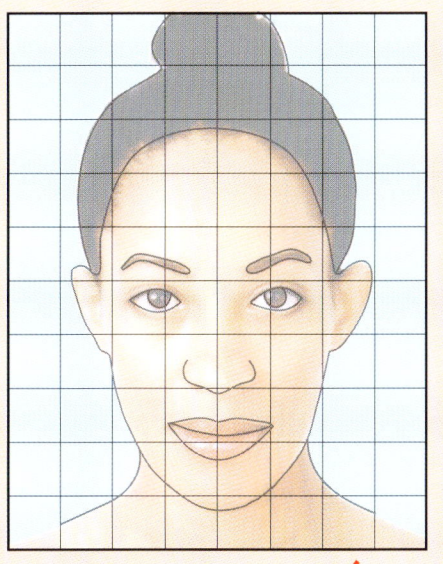
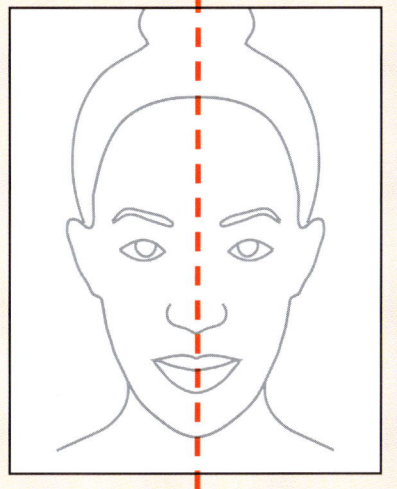
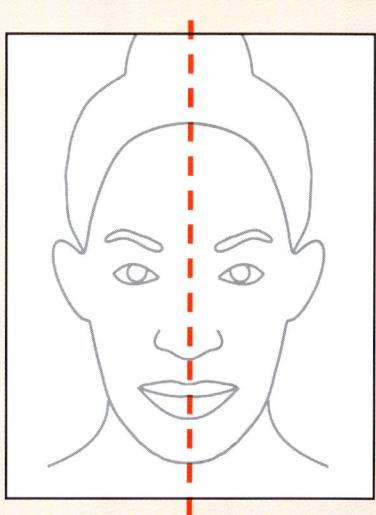

O QUE FAZER EM CASO DE DESARMONIA

Conforme você deve ter percebido, este teste não é muito científico, portanto os resultados devem ser considerados com uma certa reserva. Pode ser um choque ver o rosto do seu parceiro reconhecível mas distorcido, mas conforte-se pensando que, embora os nossos ancestrais da Idade da Pedra precisassem usar a competência do desenvolvimento como um critério válido para a seleção do companheiro, no mundo atual valorizamos muito mais os fatores psicológicos, como a personalidade e o caráter. Além disso, nem o rosto mais simétrico do mundo é uma garantia das boas qualidades de uma pessoa.

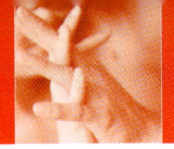

O Teste da Camiseta Usada

Uma das descobertas mais incríveis resultantes do trabalho feito pelos biólogos e geneticistas evolucionistas é que você pode ser capaz de encontrar o seu parceiro geneticamente mais compatível pelo cheiro. Existem fortes evidências de que o nariz é capaz de captar sugestões olfativas incrivelmente sutis, mas bem definidas, para determinar se alguém tem os genes certos para ser o seu parceiro perfeito, especialmente se você for mulher. Um estudo recente revelou que, em especial no caso das mulheres, o cheiro de uma pessoa é a variável mais importante na escolha do amante.

COMPATIBILIDADE GENÉTICA

Os genes envolvidos nesse fenômeno pertencem a um grupo comum a muitos animais e são conhecidos coletivamente como o "complexo de histocompatibilidade principal" (MHC, de major histo-compatibility complex), embora nos seres humanos o MHC também seja conhecido como o "sistema de antígenos leucocitários humanos" (HLA, de leukocyte antigen system). Os genes HLA são encontrados no cromossomo 6 e desempenham um papel essencial no sistema imunológico.

Em termos evolucionários, a melhor pessoa para se casar é aquela com quem você pode ter os "melhores" filhos (melhores aqui significando mais resistentes a doenças). Essa pessoa será aquela que tenha os genes HLA mais diferentes dos seus, de modo que, quando os seus genes se combinarem com os dela para produzir os seus descendentes, a nova combinação seja a mais original possível. Isso significa que a genética HLA é um dos poucos setores em que você e o seu parceiro são mais compatíveis quanto menos semelhantes forem.

As pesquisas sobre como as pessoas encontram o seu par têm demonstrado que elas parecem realmente preferir companheiros que tenham genes HLA diferentes dos delas. Mas como ficam sabendo disso? Uma vez que o dia em que seremos capazes de verificar diretamente a seqüência genética de um parceiro potencial só existe mesmo na ficção científica, assim as pessoas enviam sutis mensagens físicas que de alguma forma sinalizam sobre os seus genes. Estudos com camundongos, para os quais o olfato é um meio de comunicação especialmente importante, sugerem que a resposta pode estar no cheiro.

O EXPERIMENTO COM A CAMISETA

Para verificar se o cheiro é um mecanismo de sinalização entre os seres humanos assim como entre os ratos, uma equipe da Universidade de

O Teste

Para fazer o teste da camiseta usada, no seu caso vocês precisam de alguns voluntários do sexo masculino. Para que o teste funcione adequadamente, o parceiro do sexo feminino não pode saber de quem são as camisetas, portanto tentem encontrar um terceiro participante para ser o coordenador, ou deixem que o parceiro do sexo masculino seja o coordenador (embora o ideal é que ele também não saiba nada para não entregar o jogo). Também é preciso que o parceiro do sexo feminino não esteja tomando a pílula anticoncepcional. O ideal é que o teste seja programado para quando a mulher esteja ovulando.

1 Lavem tantas camisetas idênticas quantos forem os participantes do sexo masculino (são necessários no mínimo quatro homens, ou a possibilidade de escolher o próprio parceiro ao acaso será muito alta — o experimento suíço contou com a participação de 44 homens).

2 Cada homem, incluindo o parceiro do sexo masculino, deve usar uma das camisetas por duas noites consecutivas, antes de guardá-la em um saco plástico sem lavar. O saco plástico deve ser rotulado com a identidade do usuário, mas só o coordenador deve ter essa informação.

3 Cada camiseta é guardada em uma caixa de papelão separada, numerada e desodorizada, com um orifício cortado no alto para permitir a passagem do nariz para o teste do cheiro. Não se deve esquecer de identificar cada caixa com o usuário da camiseta.

4 O parceiro do sexo feminino deve cheirar uma caixa de cada vez pelo orifício. Em seguida, deve classificar cada camiseta numa pontuação de 0 a 10 de acordo com o nível de "sensualidade" e "agradabilidade" (10 é o nível mais atraente). O coordenador registra as classificações, totalizando-as para obter uma classificação global para cada camiseta.

5 O coordenador deve então revelar a classificação atribuída a cada camiseta. Quanto maior for a classificação da camiseta, maior será a compatibilidade com o seu usuário.

VOCÊS SÃO COMPATÍVEIS FISICAMENTE?

Berna criou um teste simples com uma camiseta usada, na qual se baseia esse teste. As descobertas revelaram que as mulheres preferiam as camisetas de homens cujos genes HLA fossem os mais diferentes dos delas. Essas camisetas também coincidiram com as camisetas que apresentaram um cheiro parecido com o do parceiro delas, sugerindo que elas usavam esse método para escolher o parceiro. Assim, no momento em que o experimento foi realizado, as mulheres que participaram dele não estavam tomando pílulas anticoncepcionais e estavam ovulando (ou seja, achavam-se no período mais fértil).

O que aquelas mulheres sentiam pelo cheiro? A resposta seria provavelmente feromônios — misteriosas mas decisivas moléculas odoríferas que têm sido comparadas aos hormônios que circulam pela parte externa do corpo. Assim como os hormônios, essas substâncias químicas podem provocar reações ao longo de todo o corpo, até mesmo na mente. Nesse caso, os feromônios expelidos pelas glândulas sudoríparas dos homens estimulariam reações emocionais e sexuais nas mulheres. Não se sabe ainda ao certo como os feromônios agem, mas tudo indica que podem de alguma forma transmitir informações sobre a constituição genética da pessoa que os exala.

O QUE FAZER EM CASO DE DESARMONIA

Dependendo de quem for a camiseta com a maior classificação, o teste poderá ocasionar algum embaraço. Mas não se preocupem, porque diversos pontos devem ser levados em consideração:

- O experimento original mostrou uma correlação entre as preferências das mulheres e a variação de HLA, não uma correspondência exata entre as mulheres e o respectivo parceiro. Se forem considerados 100 casais, distribuídos de acordo com a classificação das camisetas, descobriremos que a maioria das mulheres termina o teste próxima do próprio parceiro; muito poucas terminam com parceiros radicalmente diferentes; e algumas em nenhum ponto próximo. Uma correlação não é o mesmo que uma ligação casual exata.
- Se vocês usarem apenas uma pessoa no teste da camiseta, e provavelmente não muitos homens, a sua versão do teste estará longe de ser estatisticamente significativa.
- A variação de HLA não tem influência sobre o futuro do relacionamento — isso não significa que vocês terão menos discussões, relações sexuais melhores ou maior satisfação conjugal.

Vocês Têm Muita Energia?

Embora a sua constituição psicológica pareça independente da sua fisiologia, muitos aspectos dessa última podem afetar grandemente os atributos da sua personalidade, os seus passatempos e atividades de lazer, do que você gosta ou não gosta e outros aspectos práticos da sua vida diária. Este teste considera as questões relativas aos seus níveis de energia e como eles coincidem com os do seu parceiro, muito embora os níveis de energia sejam apenas um aspecto dos processos metabólico e fisiológico do corpo. Entre as questões que você precisa considerar destacam-se a sua capacidade de metabolizar determinados tipos de alimentos e se existem classes de alimentos que são inadmissíveis para você, os quais poderiam tornar os seus hábitos alimentares incompatíveis mutuamente. Outra questão é se, e até que ponto, você tolera o álcool. As pessoas de determinados antecedentes étnicos têm uma grande tendência a carecer do gene para a enzima que metaboliza o álcool, o que as torna incapazes de tolerar qualquer tipo de álcool — o que poderia ser um grande problema se o seu parceiro gosta de festas e você não é capaz de beber sequer uma gota.

Os níveis de energia afetam a sua vida de muitas maneiras. Por exemplo, se um parceiro está com todo o gás no final do dia enquanto o outro está fatigado e apático, ambos irão se irritar ou se desapontar um com o outro. Situações semelhantes podem afetar a disposição de ambos para compartilhar passatempos, concordar sobre o que comer ou aonde ir. Este teste analisa os seus níveis de energia, considerando os fatores que contribuem para eles, incluindo o seu metabolismo, estilo de vida e tipo de alimentação, além dos seus sinais visíveis, incluindo duração da atenção, níveis de fadiga e aptidão física.

O Questionário

Você e o seu parceiro devem responder às perguntas e depois comparar os resultados obtidos.

1 Algumas pessoas são capazes de comer durante o dia inteiro e não engordar nem um grama. Qual é a relação entre a quantidade de alimento que você ingere e o seu peso?
a *Eu me farto de chocolate como abelha no mel e não ganho peso.*
b *Se escolho uma alimentação saudável e leve, então não engordo.*
c *Só de olhar para uma bolacha eu engordo uns 100 gramas.*

2 Qual das alternativas abaixo corresponde ao seu tipo de alimentação diária normal?
a *Pouco carboidrato, pouca gordura, muita fibra.*
b *Carne e batatas.*
c *Comida com alto teor de calorias e baixa característica nutritiva.*

3 Como você se sente quando acorda de manhã?
a *Com boa disposição e muita energia.*
b *Atordoado a princípio, mas logo bem-disposto.*
c *Como um morto-vivo.*

4 Como você se sente normalmente no fim do dia?
a *Elétrico e animado.*
b *Um pouco cansado.*
c *Acabado.*

5 Você é capaz de manter a atenção por quanto tempo?
a *Segundos.*
b *Minutos.*
c *Horas.*

6 Quais os efeitos da cafeína no seu organismo?
a *Uma xícara de café me deixa ligado.*
b *Uma xícara de café me anima um pouco.*
c *Preciso de uns 10 litros de café para ficar em pé de manhã.*

7 Quando você viaja de férias, que tipo de atividade prefere?
a *Caminhadas, esportes aquáticos, tênis — qualquer coisa que me mantenha em atividade.*
b *Um passeio pela cidade, caminhadas ou atividades esportivas — entremeados com um bom banho relaxante de piscina ou de mar.*
c *Ficar deitado, curtindo a paisagem e movendo o menor número de músculos possível.*

VOCÊS SÃO COMPATÍVEIS FISICAMENTE

INTERPRETAÇÃO DOS RESULTADOS

Qual foi a sua pontuação?
Maior número de (a) Hiperativos (lebres)
Maior número de (b) Comuns (gatos)
Maior número de (c) Sedados (tartarugas)

Se vocês dois se enquadraram na mesma categoria, obviamente coincidem quanto aos níveis de energia, o que é uma boa notícia para a sua compatibilidade. Vocês podem dividir pratos no restaurante, planejar passeios e atividades em conjunto (ou fugir deles) e concordar em ficar em casa vendo televisão ou sair para se divertir. Se vocês diferiram apenas em uma categoria (compatibilidade intermediária), então talvez venham a ocorrer alguns desentendimentos no futuro, ao passo que se um de vocês for Hiperativo e o outro Sedado, o seu relacionamento será definitivamente desarmonioso.

O QUE FAZER EM CASO DE DESARMONIA

Talvez haja momentos em que seja preciso aceitar que vocês dois terão de fazer coisas diferentes, mas um casal não deve mesmo esperar compartilhar todas as atividades. O importante é ter em mente que o desejo do seu parceiro de deixar você na praia enquanto sai para escalar uma montanha, ou permanecer aninhado no sofá quando você quer sair para dançar, não é culpa sua ou um sinal de que não gosta de você ou está abandonando você, mas simplesmente uma expressão das suas tendências pessoais por vocês terem metabolismos diferentes.

Vocês se Encaixam no Perfil Ideal?

Muitas pessoas têm consciência de que procuram representar um determinado tipo, e existem evidências de que, quando se trata de relacionamentos, tendemos a seguir determinados padrões enraizados, mesmo quando não temos consciência disso. Diversos fatores contribuem para isso, incluindo, por exemplo, a capacidade de ser agradável (veja a pág. 58), a inteligência emocional (veja a pág. 66) e um estilo questionador (veja a pág. 90).

Um fator significativo é que a maioria de nós tem um modelo do parceiro ideal guardado no inconsciente — uma imagem contra a qual os parceiros potenciais são confrontados e classificados. Esse modelo inclui a aparência do nosso parceiro ideal, pelo menos em termos gerais.

DE ONDE VEM O MODELO?

O modelo do parceiro ideal deriva de muitas fontes de referência e influências diferentes. A formação cultural e social contribui com o maior número de imagens e ideais a que somos expostos desde a infância. Graças às suas intervenções e aos papéis desempenhados nos nossos primeiros anos de vida, os pais inevitavelmente exercem uma grande influência. O seu pai (se você for mulher) ou a sua mãe (se for homem) fornece um modelo físico, comportamental e emocional para o conceito que você desenvolve sobre o sexo oposto. Quando criança você absorve e interioriza esse modelo. À medida que vai crescendo, acrescenta outras influências ao modelo: professores e outras figuras de autoridade; colegas da escola; personagens da mídia e da cultura popular. Neste teste, vamos analisar os aspectos físicos desse modelo — os perfis faciais.

O Teste

Até que ponto o seu parceiro combina com o seu modelo? Para descobrir isso, primeiro precisamos descobrir com que se parece o seu modelo. À direita, há uma série de fotografias dos elementos que se agrupam para formar um perfil. A sua tarefa é escolher entre eles para criar um tipo de retrato falado de perfil, o qual pode então ser comparado ao perfil do seu parceiro.

1 Para o primeiro elemento constitutivo do perfil, escolha um que mais lhe agrade.

2 Sobre uma folha de papel de seda, desenhe o contorno desse elemento, copiando da fotografia.

3 Passe ao segundo elemento. Use as marcas de alinhamento para ajudar a desenhar o segundo elemento, de modo que ele se encaixe adequadamente sobre o primeiro.

4 Repita o procedimento até ter traçado todo o perfil como num retrato falado.

5 Assim como foi feito no Teste de Simetria (veja a pág. 20), agora você vai precisar fazer uma comparação subjetiva do ideal com o real. Encontre uma fotografia do seu parceiro de perfil e compare os perfis. Eles são quase idênticos, aproximados, ligeiramente diferentes ou diferem completamente?

VOCÊS SÃO COMPATÍVEIS FISICAMENTE?

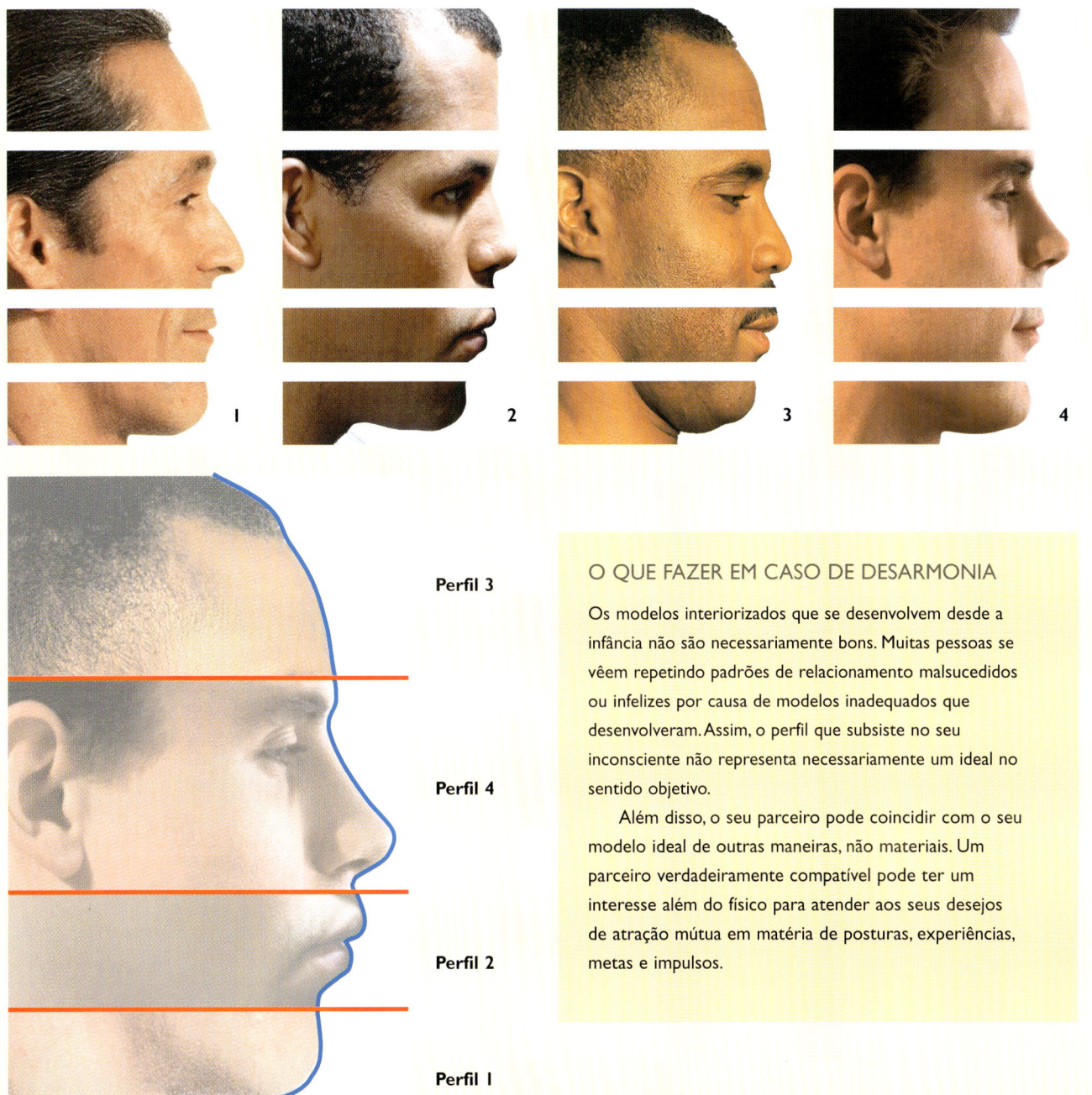

O QUE FAZER EM CASO DE DESARMONIA

Os modelos interiorizados que se desenvolvem desde a infância não são necessariamente bons. Muitas pessoas se vêem repetindo padrões de relacionamento malsucedidos ou infelizes por causa de modelos inadequados que desenvolveram. Assim, o perfil que subsiste no seu inconsciente não representa necessariamente um ideal no sentido objetivo.

Além disso, o seu parceiro pode coincidir com o seu modelo ideal de outras maneiras, não materiais. Um parceiro verdadeiramente compatível pode ter um interesse além do físico para atender aos seus desejos de atração mútua em matéria de posturas, experiências, metas e impulsos.

Qual É a Sua Verdadeira Idade?

No passado, talvez fosse mais comum do que hoje um marido ser muito mais velho do que a esposa, e a idéia de um homem ser mais velho que a companheira ainda tem pouca probabilidade de causar estranheza, embora a situação oposta seja considerada com alguma suspeita e desaprovação em muitas sociedades. Hoje em dia, na maioria dos casais, os parceiros têm praticamente a mesma idade, com um intervalo de não mais de quatro ou cinco anos entre si.

Compartilhar a mesma idade é provavelmente um impulso para a compatibilidade, implicando no caso uma probabilidade maior de interesses, prioridades e planos de vida em comum, além de uma formação cultural semelhante. Assim, a forma mais direta para testar a idade é simplesmente comparar a idade de ambos. Quanto maior a diferença, maiores as conseqüências potenciais para a sua compatibilidade social, cultural e psicológica.

IDADE BIOLÓGICA E IDADE CRONOLÓGICA

Entretanto, e quanto à compatibilidade física? Ao avaliar um parceiro potencial, você precisa conhecer a idade dele por diversas razões eminentemente físicas: saúde, condição física, fertilidade e expectativa de vida. Contudo, não é simplesmente o número de anos no calendário que interessa. O que você precisa avaliar é a idade biológica do seu parceiro em contraposição à idade cronológica; é a diferença entre a idade em termos de condição física, fisiologia e saúde, e a idade atual medida em anos. Os maus hábitos de saúde aceleram o envelhecimento biológico em relação à idade cronológica, de modo que é possível ter maior probabilidade de contrair uma doença e morrer mais cedo apesar da idade. Os bons hábitos de saúde, por outro lado, podem retardar o envelhecimento biológico de modo que, em termos biológicos, tenha-se o corpo de uma pessoa muito mais jovem.

O Teste

À direita, é dada uma lista de alguns fatores que afetam o envelhecimento biológico, positiva ou negativamente. Veja quais se aplicam ao seu parceiro e acrescente à pontuação dele.

Fator de Envelhecimento Biológico	Pontos	Fator de Envelhecimento Biológico	Pontos
Exposição regular à luz solar intensa	5	Morar em área urbana	4
Tabagismo intenso-moderado	8	Morar no interior	2
Tabagismo ocasional	4	Prática regular de exercícios físicos	-5
Alimentação com muitos alimentos processados/refinados	5	Exposição a poluentes/toxinas no trabalho	5
Alimentação com muitas frutas e hortaliças frescas	-5	Histórico familiar de doenças degenerativas (aterosclerose/câncer etc.)	4
Hábito de dormir tarde	4	Níveis elevados de tensão	2
Consumo excessivo de bebidas alcoólicas	5	Prática de relaxamento (p. ex., meditação, yoga)	-1
Consumo moderado de bebidas alcoólicas	2	Bons hábitos de higiene (banhos regulares, hábito de lavar as mãos, escovar os dentes, uso de fio dental etc.)	-1
Uso de drogas	5		

Os fatores intrínsecos, como a qualidade do mecanismo de reparo do DNA dentro das células ou a saúde dos cromossomos, podem causar o envelhecimento biológico. Do mesmo modo atuam os fatores "externos" — principalmente a luz solar e a poluição (incluindo toxinas que você ingere nos alimentos, na água ou na fumaça). Os maiores culpados no caso são os radicais livres: moléculas altamente reativas criadas pela ação da radiação ultravioleta (na luz solar) ou os compostos reativos da poluição.

ATAQUE EM MASSA

Os radicais livres atingem as células, danificando o DNA e outras estruturas até ser decompostos ou eliminados pelos instrumentos de proteção das células. Quanto mais você é exposto a radicais livres, mais danos eles provocam às suas células, e mais rápido você envelhece. De acordo com uma estimativa, o seu corpo recebe cerca de 10 trilhões de "golpes" de radicais livres por dia! O tabagismo, a ingestão de drogas e a exposição à luz solar ou à poluição podem acelerar esse processo consideravelmente. A alimentação saudável, com alto teor de vitaminas e minerais, pode lhe proporcionar o número de antioxidantes que ajudam a eliminar os radicais livres, reduzindo o envelhecimento biológico.

INTERPRETAÇÃO DOS RESULTADOS

Se o estilo de vida e o histórico do seu parceiro chegaram a mais de 22 pontos nessa lista, ele pode ter uma idade biológica consideravelmente maior do que a idade cronológica. Isso pode ter consequências significativas para o seu relacionamento — será que você vai ser feliz com alguém que está prejudicando a própria saúde e envelhecendo em ritmo acelerado?

Uma maneira de responder a essa pergunta é repassar a lista considerando os seus próprios hábitos. Se obtiver uma pontuação baixa, você obviamente é uma pessoa que leva a saúde em consideração ao definir o seu estilo de vida e portanto está envelhecendo mais devagar em termos biológicos.

Se isso sugere uma divergência com o seu parceiro, não entre em pânico! Muitos dos fatores de envelhecimento biológico apresentados acima são itens que você e o seu parceiro podem controlar, reduzindo drasticamente o envelhecimento biológico. A maioria das medidas que podem ser tomadas dependem simplesmente de bom senso — parar de fumar, manter-se longe do sol, exercitar-se bastante, ter uma alimentação saudável e ir dormir mais cedo quase toda noite.

Os Seus Hábitos de Dormir São Compatíveis?

Você passa um terço da sua vida dormindo — o equivalente a 122 dias todo ano. Quando está em um relacionamento, ou você já passa a maior parte desse tempo deitado ao lado do seu parceiro, ou está planejando começar a fazê-lo no futuro. Em outras palavras, você e o seu parceiro vão passar mais tempo dormindo juntos do que fazendo qualquer outra atividade em comum, o que torna as questões do sono uma das partes mais importantes do relacionamento.

O Questionário

Vocês precisam responder juntos a este questionário, pois podem não ter noção exata do seus hábitos pessoais quanto ao sono. Respondam individualmente e somem a pontuação à medida que prosseguirem. Algumas perguntas só devem ser respondidas se vocês derem respostas específicas às perguntas antecedentes.

1 Você tem sono pesado ou leve?
Pesado: 0 ponto; Leve: 1 ponto

2 O seu parceiro tem sono pesado ou leve?
Pesado: 0 ponto; Leve: 1 ponto

3 Você ronca (às vezes/um pouco/ressona)?
Sim: 1 ponto; Não: 0 ponto

4 O seu parceiro ronca (às vezes/um pouco/ressona)?
Sim: 1 ponto; Não: 0 ponto

5 Você ronca alto?
Sim: 2 pontos; Não: 0 ponto

6 O seu parceiro ronca alto?
Sim: 2 pontos; Não: 0 ponto

7 Você/seu parceiro fala/caminha normalmente enquanto dorme?
Sim: 2 pontos; Não: 0 ponto

8 Se respondeu afirmativamente a uma das perguntas de 3 a 7, responda: Você/seu parceiro é sensível a ruídos enquanto dorme?
Sim: 2 pontos; Não: 0 ponto

VOCÊS SÃO COMPATÍVEIS FISICAMENTE

9 Vocês já tiveram de brigar para ficar com os lençóis?
Sim: 1 ponto; Não: 0 ponto

10 Você gosta de encostar no seu parceiro enquanto dorme?
O seu parceiro gosta de encostar em você enquanto dorme?
Respostas iguais: 0 ponto; Respostas diferentes: 2 pontos

11 Você ou o seu parceiro se mexe muito dormindo?
Sim: 1 ponto; Não: 0 ponto

12 Você ou o seu parceiro se mexe muito antes de sentir-se à vontade?
Sim: 1 ponto; Não: 0 ponto

13 Um de vocês gosta de dormir vendo TV/ouvindo rádio e o outro não?
Sim: 2 pontos; Não: 0 ponto

14 Um de vocês é muito mais pesado que o outro?
Sim: 1 ponto; Não: 0 ponto

15 Um de vocês se levanta com freqüência durante a noite?
Sim: 1 ponto; Não: 0 ponto

16 Um de vocês tem um horário de sono irregular (por causa de turnos no trabalho, insônia, receber telefonemas etc.)?
Sim: 2 pontos; Não: 0 ponto

17 Um de vocês habitualmente vai se deitar mais tarde que o outro?
Sim: 1 ponto; Não: 0 ponto

INTERPRETAÇÃO DOS RESULTADOS

0-5 A sua maneira de dormir combina perfeitamente com a do seu parceiro, garantindo um sono perfeito durante a noite inteira.

6-14 Vocês poderão ter problemas algumas noites, mas as conseqüências não devem passar de uma pequena irritação e não chegar ao desespero. Conversem a respeito.

15-22 Noites tempestuosas à vista! As batalhas na cama podem trazer conseqüências para sua atividade mental e física — a fadiga prejudica a concentração, a memória e o aprendizado, causa lentidão de raciocínio, má coordenação e dificuldade de movimentos. Também causa irritabilidade, aumentando a probabilidade de brigas. Vocês precisam resolver isso!

O QUE FAZER EM CASO DE DESARMONIA

Felizmente, existem várias alternativas concretas para a solução:
- **Uma cama maior, melhor e com cobertas de boa qualidade** — isso lhes dará mais conforto e reduzirá os desencontros de movimentos quando um ou outro se movimenta.
- **Cobertas individuais** — a agitação e a inquietação noturnas num lado da cama acabam aqui.
- **Proteção contra ruídos** — se você se perturba com os ruídos externos, que o levam a incomodar o seu parceiro, acabe com eles.
- **Tratamento contra a apnéia** — o ronco é nocivo tanto à pessoa que ronca quanto à vítima dos seus efeitos. Pode causar suspensão momentânea da respiração durante o sono, deixando o cérebro com um suprimento irregular de oxigênio. O aconselhamento e, em casos extremos, uma cirurgia podem ajudar a ambos.
- **Relaxamento antes de dormir** — se você tem problemas para pegar no sono ou acorda com freqüência durante a noite, isso pode ser causado por tensão ou stress. Experimente fazer exercícios de relaxamento para reduzir a tensão e melhorar o sono, e ambos serão beneficiados.
- **Reservem a cama apenas para dormir e para relações sexuais** — TV, rádio e coisas do gênero podem causar tensão e impedir o relaxamento. Façam do quarto o seu paraíso particular.
- **Horários de sono regulares para ambos** — adquiram hábitos regulares de dormir e procurem mantê-los sempre.

PARTE DOIS

Vocês São Compatíveis Sexualmente?

ANTECEDENTES

Quando os casais enfrentam problemas relativos à incompatibilidade sexual podem sentir-se muito alarmados. Caso os problemas não se resolvam, por exemplo, se um dos parceiros se queixa de "sexo insatisfatório", isso pode vir a ser uma forte indicação de divórcio. A compatibilidade sexual é uma questão complexa, envolvendo muito mais do que simplesmente a freqüência com que vocês têm relações sexuais ou quantas posições sexuais vocês praticam. É uma questão que precisa ser analisada sem falta.

Quem disse que o sexo é tão importante?

VOCÊ diz isso! As evidências quanto à importância do sexo são consideráveis. Uma série de pesquisas e estudos mostra que a satisfação sexual está fortemente relacionada à satisfação conjugal. Além disso, a satisfação sexual pode ser usada para predizer a probabilidade de um relacionamento ser ou não ser bem-sucedido a longo prazo. Curiosamente, o mesmo não se aplica à freqüência sexual; manter relações sexuais com regularidade não está fortemente relacionado com a satisfação conjugal. Apenas quando se acrescentam outros problemas, como as discussões, a freqüência das relações sexuais pode ser usada para predizer a satisfação conjugal e se o relacionamento é bem-sucedido. Por exemplo, se as suas relações sexuais não são muito freqüentes mas vocês têm poucas brigas importantes, o futuro ainda permanece promissor, ao passo que relações sexuais freqüentes somadas a graves desavenças constantes indicam um resultado menos otimista. Entre os casais no início do relacionamento isso pode parecer um contra-senso, porque uma das maneiras pelas quais eles expressam a sua incipiente intimidade física e emocional são as relações sexuais freqüentes — parece que quanto mais têm relações sexuais, mais estão apaixonados. Ainda assim, a longo prazo, os casais bem-sucedidos descobrem que a satisfação sexual é algo muito diferente — o que realmente importa é ter sexo com qualidade, em vez de tentar entrar para o livro de recordes.

O alicerce do relacionamento

No plano individual, o sexo é um impulso básico, mas no nível do casal significa muito mais do que isso. O sexo costuma ser caracterizado como uma espécie de "supercola", responsável pela união nos relacionamentos — sem ele as pessoas se separariam. A questão central no caso é que o sexo também representa o desempenho sexual. Essa atividade complexa entre os parceiros é uma expressão e uma rea-

VOCÊS SÃO COMPATÍVEIS SEXUALMENTE?

firmação do afeto, da intimidade e da atração. Ela fortalece o que os biólogos chamam de "vínculo conjugal primário". Caso essa atividade se torne insatisfatória, são drenadas essas emoções fortes e importantes. Quando as relações sexuais permanecem boas e melhoram, então não importam os percalços por que passe o relacionamento, os parceiros sentem que dispõem de um alicerce seguro.

Sexo bem-sucedido

Os casais que conseguem manter satisfatoriamente um relacionamento estável geralmente são os que têm um alto nível de compatibilidade sexual. Ao falar da sua vida sexual, sempre que comentam sobre as suas relações sexuais, elas são muito mais relaxadas, mais divertidas, mais satisfatórias e mais importantes do que entre os casais que estão infelizes ou com problemas. Não obstante, nem todos esses casais mantêm uma vida sexual extremamente ativa, mas mesmo nesses casos em que a atividade não é tão intensa, o aspecto fundamental é que eles compartilham as mesmas expectativas em relação ao sexo. Até mesmo casais que deixaram de ter relações sexuais podem se considerar como "sexualmente compatíveis", desde que o seu celibato seja genuinamente uma escolha mútua.

Como se pode medir a compatibilidade sexual?

Os melhores indicadores da sua compatibilidade sexual a longo prazo são as suas próprias atitudes, a sua experiência individual e os seus pontos de vista pessoais, considerando ao mesmo tempo em que medida esses fatores combinam com os mesmos fatores na perspectiva do seu parceiro. Esses fatores incluem questões como até que ponto vocês ficam à vontade um com o outro, como a sua vida sexual afeta a auto-estima de ambos, se vocês gostam/querem as mesmas coisas na cama, como enfrentam as mudanças na vida sexual com o passar do tempo e até que ponto essas mudanças pesam para ambos: considerando todos esses elementos como componentes da harmonia sexual.

O que se discute nesta parte do livro

Os seis testes para determinar a compatibilidade sexual analisam a sua experiência sexual, as suas posturas em relação ao sexo, a sua visão da fidelidade, até que ponto vocês estão à vontade para falar sobre sexo, o seu impulso sexual (ou libido) e o seu estilo sexual.

Os Históricos Sexuais de Vocês Combinam?

As pesquisas mostram que, em geral, as pessoas sentem-se mais à vontade quando o parceiro escolhido tem um histórico sexual semelhante ao delas. Os homens, em especial, classificam a experiência sexual equivalente como uma questão mais importante para a compatibilidade — de acordo com uma pesquisa de uma das maiores agências de encontros pela Internet, esse é um dos principais fatores de influência na escolha do parceiro entre os homens.

Muitas pessoas acham difícil conversar com o parceiro sobre o próprio histórico sexual. Pode ser que você sinta um certo constrangimento em admitir que teve muitos ou poucos amantes. Talvez imagine que possa refletir mal sobre você o fato de ter perdido a virgindade cedo ou tarde "demais". Geralmente, os parceiros não querem se expor muito no início de um relacionamento. Então, depois poderá parecer tarde demais para esclarecer alguns fatos que a seu ver o parceiro poderia não aprovar. No entanto, o seu passado sexual influencia o seu presente sexual, contribuindo para moldar as suas posturas, ansiedades, estímulos e inibições. Inevitavelmente, a maneira como o seu histórico sexual se equipara ao do seu parceiro tem uma grande influência sobre o futuro de vocês. O questionário abaixo irá ajudá-los a fazer uma comparação honesta e sincera dos seus históricos sexuais.

O Questionário

1 **Com que idade você perdeu a virgindade?**
a *15 anos ou mais jovem*
b *16-20 anos*
c *21 anos ou mais*

2 **Quantos parceiros sexuais você teve na vida antes de conhecer o parceiro atual?**
a *Nenhum-2*
b *3-10*
c *11 ou mais*

3 **Quantos desses parceiros sexuais foram programas de uma noite, em contraste com relacionamentos sérios?**
a *Nenhum*
b *1-5*
c *5 ou mais*

4 **Você teve alguma tendência, experiência ou encontro homossexual?**
a *Não, nunca*
b *Só bem jovem/experiências quando embriagado que não importam*
c *Sim*

5 **Você teve alguma experiência desagradável, assustadora ou de abuso sexual?**
a *Não, nunca*
b *Sim, mas nada muito grave (um homem se exibiu para mim; um estranho tocou a minha perna)*
c *Sim*

6 **Você já teve alguma doença sexualmente transmissível?**
a *Não, nunca*
b *Não tenho certeza*
c *Sim*

VOCÊS SÃO COMPATÍVEIS SEXUALMENTE?

O QUE FAZER EM CASO DE DESARMONIA

Históricos sexuais desiguais podem tornar-se uma fonte importante de descontentamento num relacionamento, e acabar sendo usadas como armas durante as discussões. Logicamente ou não, o parceiro com o histórico menos "colorido" pode sentir-se de alguma forma inadequado ou envergonhado, ainda que inconscientemente. Já o parceiro mais ousado, ao contrário, pode ser afligido por sentimentos de culpa ou vergonha. Em ambos os casos, sentimentos desagradáveis como esses por sua vez podem levar a uma postura ressentida: "Por que eu deveria me sentir mal por ter dormido com mais algumas pessoas... só porque ele é inexperiente!"

Em última análise, o impacto da incompatibilidade dos históricos sexuais é uma coisa muito pessoal. Se você é uma pessoa segura, tranqüila, que se sente à vontade e amada no seu relacionamento, é pouco provável que isso importe muito. Mas se o seu relacionamento tem outros problemas, então a incompatibilidade dos históricos sexuais pode ser responsável por algumas dificuldades.

Por fim, os históricos sexuais também revelam muita coisa sobre as suas posturas em relação ao sexo e aos relacionamentos em geral, atitudes que afetam a compatibilidade a longo prazo.

O segredo para lidar com quaisquer possíveis fontes de conflitos sexuais é a comunicação; você pode superar a maioria dos problemas conversando a respeito de maneira franca e sincera, seguindo as Regras para o Diálogo Construtivo (págs. 154-5). Acima de tudo, tenham em mente o seguinte:

- Vocês estão discutindo sobre o momento atual — não se pode mudar o passado.
- De qualquer maneira, vocês podem concordar sobre a existência de mais de uma versão do seu histórico juntos.
- As pessoas mudam; por mais que você comente ou critique o passado do seu parceiro, ele é só história.

INTERPRETAÇÃO DOS RESULTADOS

Combinam muito Você e o seu parceiro assinalaram mais de quatro a ou mais de quatro c.

Combinam mais ou menos Mais de quatro das suas respostas foram vizinhas das do outro (por exemplo, você disse a, o seu parceiro b; ou o seu parceiro disse c e você disse b). Quando um de vocês tem um a e o outro um c, os históricos sexuais começam a ficar incompatíveis.

Não combinam Mais de quatro das suas respostas caem em categorias opostas: vocês podem ter desafios pela frente. As perguntas 4, 5 e 6 em especial levantam questões importantes. Se as respostas do seu parceiro surpreenderem você, pode ser que você acabe tendo de reavaliar as suas atitudes.

Vocês Estão à Vontade com a Própria Sensualidade?

Até que ponto vocês são abertos? Até que ponto você é uma pessoa descontraída em relação à experimentação sexual? Até que ponto você admite forçar os limites da sua vivência emocional? Estas são perguntas que estão relacionadas à sua "ousadia" sexual.

Este questionário trata de questões relativas à abertura e à ousadia, que por sua vez se relacionam a uma dimensão da postura sexual rotulada como "permissividade" por alguns pesquisadores. Por exemplo, as pesquisas demonstram (não tão surpreendentemente) que quanto maior a sua pontuação em relação à dimensão da permissividade, mais parceiros você deve ter tido e maior a variedade de práticas sexuais que você experimentou. Dessa maneira, então, a sua abertura ao novo provavelmente afetou a sua vivência sexual.

A sua receptividade também afeta o seu futuro sexual. A satisfação sexual a longo prazo envolve a manutenção do interesse sexual e a sensação de que você está explorando todo o seu potencial sexual. Isso só é possível com alguém que combine com as suas posturas em relação ao sexo. Use o questionário a seguir para ver se essa pessoa é o seu parceiro.

O Questionário

Nas perguntas de 1 a 9, marque a sua resposta à situação sugerida de acordo com uma opção da seguinte escala:
1 **Muito interessado/estimulado**
2 **Interessado/um pouco excitado**
3 **Neutro/não importa se de uma maneira ou de outra**
4 **Não interessado**
5 **Chocado/desestimulado**

1 O seu parceiro admite estimular-se ao vestir as suas roupas, incluindo as roupas íntimas.

| 1 | 2 | 3 | 4 | 5 |

2 Você visita o local de trabalho dele e sugere que tenham uma relação sexual num quartinho isolado.

| 1 | 2 | 3 | 4 | 5 |

3 O seu parceiro sugere a introdução de um vibrador ou pênis de borracha durante a relação sexual.

| 1 | 2 | 3 | 4 | 5 |

4 O seu parceiro sugere que vocês invertam os papéis sexuais tradicionais durante a relação sexual.

| 1 | 2 | 3 | 4 | 5 |

5 O seu parceiro pede que você aceite algum tipo de servidão (amarrando-se à cama com uma echarpe de seda, usando uma venda ou roupas de borracha).

| 1 | 2 | 3 | 4 | 5 |

6 O seu parceiro admite que gosta de sexo anal.

| 1 | 2 | 3 | 4 | 5 |

7 O seu parceiro sugere que vocês se observem enquanto se masturbam, como parte da relação sexual.

| 1 | 2 | 3 | 4 | 5 |

8 Alguém que você considera atraente diz que estaria interessado em uma relação a três com você e o seu parceiro.

| 1 | 2 | 3 | 4 | 5 |

9 Você e o seu parceiro têm uma relação sexual atrás de uma duna de areia numa praia deserta depois que vocês perceberam que outro casal fez o mesmo ao alcance da sua visão.

| 1 | 2 | 3 | 4 | 5 |

Para as perguntas de 10-15, siga o mesmo princípio usando a seguinte escala:
1 **Completamente imperturbável, totalmente à vontade/aprova**
2 **Não incomoda você que os outros se preocupem com isso**
3 **Meio embaraçado, mas o que as pessoas fazem é da conta delas**
4 **Incomodado/desaprova um pouco**
5 **Ultrajado/enojado**

10 O seu parceiro admite que durante a juventude, muito tempo antes de conhecer você, tomou parte de uma "orgia".

| 1 | 2 | 3 | 4 | 5 |

11 Você passa a noite com um dos seus pais e durante a noite ouve sons inegáveis de relação sexual vindo do quarto deles.

| 1 | 2 | 3 | 4 | 5 |

12 Um casal *gay* muda-se para a casa ao lado e você os surpreende namorando no jardim.

| 1 | 2 | 3 | 4 | 5 |

13 Um casal de amigos admite que eles gostam de praticar a troca de casais.

| 1 | 2 | 3 | 4 | 5 |

14 Você está hospedado na casa de parentes, no quarto de uma sobrinha de 16 anos, quando descobre um pacote de camisinhas no armário dela.

| 1 | 2 | 3 | 4 | 5 |

15 Você está limpando o quarto do seu filho de 18 anos quando encontra um pênis de borracha.

| 1 | 2 | 3 | 4 | 5 |

INTERPRETAÇÃO DOS RESULTADOS

Some os números que atribuiu às respostas a cada pergunta para obter o seu resultado individual, e peça ao parceiro para fazer o mesmo. Em seguida, calcule a diferença entre as pontuações — essa é classificação quanto à compatibilidade de vocês quanto à ousadia sexual.

0-20 Combinam muito. Você e o seu parceiro têm posturas semelhantes em relação ao sexo e, provavelmente, têm reações semelhantes a novidades ou desafios nessa área. A longo prazo, é provável que vocês se sintam mais à vontade com a sexualidade um do outro e, em consequência disso, mais à vontade com a sua própria sexualidade.

21-40 Combinam mais ou menos. Em alguns assuntos, um de vocês assume a liderança e o outro acompanha, enquanto em outros existe uma diferença incômoda entre vocês. Alguns setores podem ser um completo tabu.

41-75 Combinam pouco. Um de vocês é muito mais aberto e ousado que o outro. O parceiro mais aberto pode sentir-se frustrado, constrangido e até mesmo entediado, ao passo que o menos ousado pode acabar se sentindo magoado, ressentido e inseguro.

O QUE FAZER EM CASO DE DESARMONIA

Superar desentendimentos profundos em relação ao sexo e à sexualidade requer muita sensibilidade (veja as Regras para o Diálogo Construtivo, págs. 154-5).

Evitem comentários do tipo: "Você não experimenta nada" ou "Você é um chato". Comecem discutindo por que você acha que determinadas coisas são certas ou inadequadas. Um dos maiores perigos nos casos de diferenças quanto ao grau de ousadia é que o parceiro menos ousado se sente ameaçado pelas sugestões/desejos do outro — achando que indicam falta de respeito, o desejo de ter outra pessoa ou uma crítica implícita. Vocês devem considerar esses medos antes de começar a conversar sobre tentar novidades. Se acharem que é possível sugerir algo novo, continuem com muito cuidado. O parceiro menos confiante pode sentir-se manipulado. Pode ser conveniente definir de antemão uma "senha de saída" — uma palavra que cada um dos parceiros possa usar para parar as coisas caso se sinta pouco à vontade.

O Teste da Fidelidade

A maioria das pessoas é perfeitamente clara quanto à sua postura em relação à infidelidade do parceiro — ela geralmente é inaceitável.

Mas as posturas sociais quanto à fidelidade tendem a mudar com o tempo em duas direções. Alguns tipos de jovens liberais tendem a ser namoradeiros, "pluriamantes", acreditando que seja possível, por exemplo, amar duas pessoas ao mesmo tempo. Já os integrantes de relacionamentos estáveis podem sentir-se mais tolerantes quanto a esporádicos e acidentais "lapsos de julgamento". Contudo, o que você e o seu parceiro precisam definir é a natureza da infidelidade para vocês, porque há mais coisas em torno desse assunto do que simplesmente o fato de ter uma relação sexual com outra pessoa. O teste a seguir considera as diversas maneiras em que esse comportamento é percebido e analisa as nuanças mais sutis que podem causar mal-entendidos entre os parceiros com posturas diferentes sobre o que constitui a infidelidade.

A sua concepção de fidelidade afeta tanto o seu comportamento quanto a maneira como você percebe as posturas do seu parceiro. As concepções rígidas de fidelidade colocam mais exigências sobre o relacionamento porque estabelecem padrões mais elevados. Mas os padrões elevados, pela sua própria natureza, têm menor probabilidade de serem alcançados. No entanto, se a postura de vocês dois em relação à fidelidade coincide, cada um de vocês provavelmente entende o que a outra parte espera e como percebe o seu comportamento. Então, vocês dois concordam com esses padrões e agem de acordo com eles.

O Teste

Este é um questionário para os dois parceiros. Nas perguntas de 1 a 5, considerem a sua reação, em uma escala de 0 a 10, às seguintes situações:

0 1 2 3 4 5 6 7 8 9 10

nem um pouco incomodado   quer mostrar a porta da rua

1 Você está tendo uma conversa acalorada com uma pessoa atraente do mesmo sexo que o seu — o seu parceiro sustenta o olhar da pessoa.

0 1 2 3 4 5 6 7 8 9 10

2 Você surpreende o seu parceiro apreciando pornografia.

0 1 2 3 4 5 6 7 8 9 10

3 O seu parceiro tem um amigo com quem vocês dois têm amizade. Pouco tempo depois de vocês terem se conhecido, porém, você descobre que eles dormiram juntos antes de você entrar em cena.

0 1 2 3 4 5 6 7 8 9 10

4 O seu parceiro faz comentários elogiosos sobre uma atraente celebridade da televisão.

0 1 2 3 4 5 6 7 8 9 10

5 Você descobre que na última semana o seu parceiro esteve numa boate de nudismo e acabou pondo dinheiro na sunga de um dançarino/uma dançarina.

0 1 2 3 4 5 6 7 8 9 10

VOCÊS SÃO COMPATÍVEIS SEXUALMENTE?

Nas questões de 6 a 10, use a mesma escala para classificar até que ponto seria razoável o seu parceiro demonstrar ciúme nas seguintes situações:

6 Ao andar pela cidade sem o seu parceiro você encontra um ex-parceiro (que hoje tem outro parceiro) e vocês acabam indo jantar juntos.

0 1 2 3 4 5 6 7 8 9 10

7 Você admite ter beijado de leve alguém a quem não considera nem de longe atraente depois de ter bebido um pouco numa festa de Natal — o seu parceiro sabe que você bebeu e você se desculpa até ficar sem fôlego.

0 1 2 3 4 5 6 7 8 9 10

8 Você vai a uma festa só para homens/mulheres e diz ao seu parceiro que estará de volta às 11h30, mas não entra em casa antes das 4 da manhã.

0 1 2 3 4 5 6 7 8 9 10

9 O seu parceiro surpreende você olhando de modo sonhador para alguém que passa à sua frente quando vocês estão juntos na praia.

0 1 2 3 4 5 6 7 8 9 10

10 Você e o seu parceiro saem para uma festa e você passa grande parte da noite conversando com uma pessoa conhecida do sexo oposto.

0 1 2 3 4 5 6 7 8 9 10

INTERPRETAÇÃO DOS RESULTADOS

Some seus pontos e compare-os com os do seu parceiro: a diferença classificará a compatibilidade quanto à fidelidade.

0-30 Compatíveis. Você e o seu parceiro não devem ter muitos problemas em relação ao ciúme, em parte porque você não é uma pessoa muito ciumenta, em parte porque vocês dois evitam situações que possam dar margem a suspeitas.

31-60 Alguma incompatibilidade. Pode ser que nem sempre vocês concordem sobre o que constitui uma reação aceitável a um comportamento duvidoso, mas compartilham idéias parecidas sobre como se comportar.

61-100 Incompatíveis. Vocês têm idéias muito diferentes sobre um comportamento aceitável. As brigas parecem inevitáveis, com um parceiro acusando de traição e o outro de comportamento pouco razoável ou de exagerar nas reações.

O QUE FAZER EM CASO DE DESARMONIA

Problemas constantes com ciúme e medo da infidelidade costumam ser indícios de que um dos parceiros sofre de pouca auto-estima e se sente inseguro. Superar esses problemas requer sensibilidade e reafirmação da confiança. O ciúme é uma emoção normal quando há evidências de traição. Mas o ciúme pode se tornar patológico quando usado para mascarar ansiedade ou um histórico pessoal problemático envolvendo um relacionamento fracassado e rejeição. A constante reafirmação da confiança é contraproducente nesse último caso. É melhor tentar ligar os sentimentos de insegurança aos acontecimentos atuais antes de entrar em cena e pedir ao seu parceiro para se abrir com você. O parceiro com ciúme precisa expressar os seus sentimentos de uma maneira não acusadora, ao passo que o outro parceiro deve assegurar que a pessoa amada seja explícita.

• Use uma fórmula do tipo "Estou achando que..." para começar as suas falas, de modo que elas sejam menos agressivas ou acusadoras.
• Não suponha que a consideração positiva de um pelo outro possa ficar subentendida — faça questão de declará-la em alto e bom som!
• Alguns psicólogos sugerem aproveitar o ciúme como um desafio para fortalecer o relacionamento em vez de considerá-lo como algo que possa prejudicá-lo.

Vocês Conversam Francamente Sobre Sexo?

A boa comunicação é a chave para superar os problemas sexuais e aumentar a compatibilidade. Para superar os problemas relativos ao sexo (desde desejos desproporcionais até estilos sexuais conflitantes) vocês têm de ser capazes de conversar a respeito. Mas até que ponto você consegue conversar com o seu parceiro sobre assuntos relativos ao sexo? Você abaixa a voz quando precisa pronunciar palavras que soam vulgares ou conversa abertamente sobre as funções mais íntimas do seu corpo?

O Questionário

O objetivo aqui é descobrir que estilo de comunicação vocês usam na intimidade. Sempre que possível, relacione as situações descritas a fatos reais acontecidos entre você e o seu parceiro, de modo que a sua resposta mostre não só o que você faria mas o que realmente fez.

1 Durante o ato sexual, o seu parceiro chega ao orgasmo primeiro e então pára e quer se aconchegar. Você sente uma certa frustração, mas o seu parceiro não parece preocupado. O que você faz?

a   Seria muito estranho dizer: "Também quero um orgasmo", então você tenta deixar que o seu corpo expresse isso.
b   Usa frases encorajadoras do tipo: "Não pare... meu corpo está tão excitado" ou "Foi tão bom, quero mais".
c   O seu parceiro não reagiria bem a exigências; então você tenta esquecer o orgasmo e pelo menos se aninha nos braços dele.
d   Você diz francamente ao seu parceiro que você não se satisfez.

2 Depois de um longo dia de trabalho, o seu parceiro está cansado e precisa relaxar, mas você está com todo o gás e tenta excitá-lo também. Como o seu parceiro reagiria?

a   Explica delicadamente a situação e insiste bastante que não está interessado não porque não ache você atraente.
b   Repele você com impaciência.
c   Tenta se desvencilhar dos seus carinhos mudando de assunto.
d   Faz o melhor que pode para satisfazer o seu desejo.

3 Embora vocês dois estejam excitados e queiram ter uma relação sexual, um de vocês tem algum tipo de problema (ele perde a ereção, ela não está lubrificada o bastante) e vocês têm de parar. Qual a sua reação?

a   Você não deve tocar nesses assuntos porque a reação do parceiro pode fugir ao controle.
b   Oferece o seu apoio e a sua compreensão mas discute o assunto.
c   Obviamente, existe algum problema que precisa ser resolvido ou pode voltar a acontecer.
d   Não diz nada diretamente, mas abraça e acaricia o parceiro para mostrar que aquilo não tem importância.

4 Você não se sente bem, mas sabe que o seu parceiro está esperando por uma noite de paixão. Como você contornaria a situação da melhor maneira possível?

a   Daria uma desculpa do tipo "Não estou muito bem hoje..." mas não entraria em detalhes.
b   Não diria nada, esperando resistir tanto quanto possível.
c   Explicaria e discutiria o problema.
d   Tomaria algumas providências (como colocar um balde ao lado da cama) sem maiores comentários.

VOCÊS SÃO COMPATÍVEIS SEXUALMENTE

5 Você e o seu parceiro usam camisinha como método anticoncepcional, mas descobrem que uma delas se rasgou durante o ato sexual. Como reagiriam a isso?

a Evitariam o assunto e deixariam o resultado ao destino.
b Haveria muitas lamentações e conversas antes de tomar uma providência adequada.
c Um de vocês tentaria conversar sobre o assunto, mas o outro só enfrentaria o problema depois de muito estardalhaço.
d Discutiriam as alternativas, mas no fim das contas caberia à mulher procurar auxílio médico.

6 Quais das características abaixo o seu parceiro demonstra quando vocês dois estão conversando sobre sexo ou assuntos íntimos?

a Excessivamente analítico, tendência a interromper, tendência a entrar em detalhes estatísticos, postura de superioridade.
b Embaraço, desaprovação, reticência, impaciência.
c Ligeiro incômodo, distrai-se com facilidade.
d Maturidade, boa vontade, senso de humor.

Calcule os seus resultados usando a tabela abaixo para ver qual letra corresponde às suas respostas — W, X, Y ou Z — e some o número de vezes que você obtém a mesma letra. Então faça o mesmo em relação ao seu parceiro.

Pergunta/Resposta	a	b	c	d
1	Y	Z	X	W
2	Z	W	Y	X
3	X	Z	W	Y
4	X	Y	W	Z
5	Y	W	X	Z
6	W	X	Y	Z

INTERPRETAÇÃO DOS RESULTADOS

Cada uma das quatro letras — W, X, Y ou Z — corresponde a um estilo de comunicação usado nos relacionamentos. Que letra vocês obtiveram em maior número?

W Vocês gostam de ser totalmente francos e verdadeiros um com o outro — mas se arriscam a ser insensíveis, rudes, agressivos e autoritários.

X Vocês se sentem pouco à vontade, a não ser que as questões sexuais sejam mantidas ocultas, mas esse estilo reservado significa que vocês podem estar reprimindo sentimentos e evitando conversas importantes.

Y Vocês tendem a achar que o que não é dito não causará problemas, mas essa postura de esconder a cabeça num buraco significa que as questões sérias não serão tratadas, serão simplesmente deixadas de lado e ficarão cada vez piores.

Z Você e o seu parceiro são abertos um com o outro, mas também sensíveis e discretos. Esse é o estilo que contribui para a maior compatibilidade sexual ao longo de um relacionamento duradouro.

O QUE FAZER EM CASO DE DESARMONIA

Se a relação de vocês se enquadra nas categorias W, X ou Y, vocês dois precisam procurar melhorar a sua comunicação. Eis algumas regras simples:

• Se vocês acham difícil falar sobre questões sexuais por se sentirem constrangidos, descubram por que e discutam essa causa (p. ex., o assunto era um tabu quando você era criança).

• Reservem determinados horários e um lugar especial para as conversas "difíceis". Um arranjo especial assim pode lhes dar "permissão" para falar sobre coisas de que vocês não falariam normalmente. Pode ser conveniente sentar-se na penumbra, por exemplo.

• Procurem aprender a ouvir, deixando o outro falar sem interromper, e que as suas respostas às afirmações do parceiro reconheçam e esclareçam o que ele acabou de dizer.

• Sejam positivos, solidários e encorajadores em todas as suas afirmações e respostas.

A Libido de Vocês Coincide?

As relações sexuais são estimuladas pelo impulso do amor, do sexo e da vida — literalmente, pela libido. Fazendo uma analogia com um avião, o que faz o seu aparelho planar no céu é a força dos seus motores — a quantidade de torque que eles possuem. Forçando um pouco a analogia, podemos aplicar a mesma lógica aos amantes. Numa dimensão maior, o que determina se duas pessoas são sexualmente compatíveis é a força das suas respectivas libidos. A libido é o que determina quanto você se excita de manhã, quantas vezes você gosta de fazer sexo à noite, e se em vez disso você preferiria deitar-se com um bom livro e uma xícara de chocolate. Obviamente, a combinação das libidos é importante para a compatibilidade sexual.

O conceito de libido ou desejo sexual foi estabelecido pelo analista vienense Sigmund Freud, como parte da teoria desenvolvida por ele sobre as forças inconscientes que estão por trás da motivação humana. Ele afirmou que a libido, cujo significado acabou ampliando para abranger "energia vital" em geral, é a base de toda a criatividade humana. Hoje em dia, já não estamos tão fixados no sexo quanto Freud, mas a libido continua sendo um conceito reconhecido na psicologia sexual. Em certos sentidos, sua importância está maior do que nunca, porque a mais comum disfunção sexual tratada pelos terapeutas atuais é a falta de desejo sexual, conhecida como "redução da libido". Também sabemos muito mais sobre a influência dos hormônios sobre a libido — especificamente a testosterona. Embora seja conhecida como um hormônio sexual masculino, a testosterona está presente em ambos os sexos e desempenha um papel importante no controle da libido. Obviamente, realizar testes sanguíneos para estabelecer os níveis hormonais está fora do alcance de um livro; portanto, o questionário a seguir pretende avaliar a sua libido de outras maneiras.

O Questionário

Tanto você quanto o seu parceiro devem responder às perguntas e calcular a pontuação relativa à libido.

1 O seu parceiro se ausentou para uma viagem de duas semanas. Quando ele chega em casa você:
a *Dá um tapinha na face dele e lhe conta sobre o seu dia.*
b *Arranca as roupas dele assim que ele entra em casa e o arrasta para a cama.*
c *Fica ansioso para mostrar como você sentiu a falta dele durante a noite.*

2 É domingo de manhã, não há ninguém em casa além de você e o seu parceiro, e vocês não têm nada a fazer e ninguém para ver durante todo o dia. Idealmente, o que você gostaria de fazer?
a *Passar o dia na cama junto com o seu parceiro.*
b *Passar o dia dormindo e lendo jornais.*
c *Sair logo cedo e ir fazendo coisas pelo caminho.*

3 Você e o seu parceiro passam um fim de semana fora. À noite, depois de cobrir você de óleo, o seu parceiro lhe faz uma massagem sensual. O que você faria em seguida?
a *Tomar um banho e encontrar o seu parceiro para um jantar romântico*
b *Tirar uma soneca.*
c *Ter uma relação sexual aproveitando a massagem.*

VOCÊS SÃO COMPATÍVEIS SEXUALMENTE

INTERPRETAÇÃO DOS RESULTADOS

Calcule a sua pontuação e a do parceiro referentes à libido usando a tabela abaixo e calcule a diferença — essa é a sua classificação de compatibilidade em relação à libido.

Pergunta/Resposta	a	b	c
1	0	4	2
2	4	0	0
3	2	0	4
4	4	2	0
5	2	0	4

Diferença de 0-9 Você e o seu parceiro têm necessidades e níveis de desejo semelhantes. Quando se trata de sexo vocês geralmente querem a mesma coisa no mesmo momento e são capazes de reagir aos avanços um do outro ou na falta deles.

Diferença de 10-20 O motor sexual de vocês parece estar funcionando em diferentes velocidades. Um de vocês quer muito mais sexo do que o outro e a disparidade resultante pode deixar o seu relacionamento sob tensão.

O QUE FAZER EM CASO DE DESARMONIA

Antes de mais nada, não entre em pânico se o seu relacionamento fracassar neste teste, porque, embora ele se baseie no presente, a sua capacidade de previsão a longo prazo não é à prova de enganos. Isso acontece porque a libido muda com a idade e no decorrer de um relacionamento. A curto prazo, no entanto, as desarmonias precisam ser consideradas. Uma solução possível seria um "contrato sexual".

• Cada parceiro tem três noites da semana em que pode decidir se quer ou não manter relações sexuais, e o outro parceiro deve concordar.
• Na sétima noite, ambos os parceiros decidem se querem ou não ter relações sexuais.
• Quem quer que decida não ter relações sexuais deve assegurar que a sua decisão não seja considerada uma rejeição.
• Considerem alternativas não sexuais, como fazer carícias.

4 Você acorda tarde para ir trabalhar e sabe que os colegas estarão esperando por você, mas o seu parceiro acordou com um brilho sensual no olhar e chama você com uma voz irresistível. O que você faz?

a Liga para o trabalho para dizer que está doente e volta para a cama.
b Arranca as roupas para uma "rapidinha".
c Faz o sinal-da-cruz e segue em frente sem olhar para trás.

5 Que circunstâncias descrevem melhor a sua idéia de um fim de semana romântico perfeito fora de casa juntos?

a Antiquários, jantares à luz de velas, caminhadas ao luar e fazer amor apaixonadamente.
b Caminhadas revigorantes pelos campos maravilhosos e atividades interessantes (por exemplo, pára-quedismo, esqui aquático, esqui na neve) que deixam vocês deliciosamente exaustos no fim do dia.
c Uma noite de paixão seguida de uma manhã na cama se amando, com uma bela refeição seguida de uma tarde de estripulias.

Os Estilos Sexuais de Vocês São Compatíveis?

O elemento essencial para uma ótima vida sexual e árbitro supremo da compatibilidade sexual é você e o seu parceiro terem ou não estilos sexuais semelhantes. Todos os fatores examinados nesta parte do livro contribuem para o estilo sexual; assim sendo, este teste é um resumo de todas as questões em que se baseia a compatibilidade sexual.

O seu estilo sexual é uma maneira de explicar não só o seu comportamento na cama como também a sua postura em relação ao sexo — o tipo de práticas sexuais que você aprecia, até que ponto você é ousado, a sua reação ao sexo e a sua libido. Encontrar um parceiro sexualmente compatível não significa necessariamente encontrar alguém exatamente com o mesmo estilo, embora isso em geral leve ao sexo ideal. Os diferentes estilos podem se combinar ou se complementar, com o mesmo resultado. Quando os estilos são idênticos, naturalmente eles combinam. Mas se um é mais dominante enquanto o outro é mais submisso, também é possível ter as características essenciais para uma situação perfeita.

O Teste

Dividir os estilos sexuais em categorias é arbitrário, mas para a finalidade deste exercício estabelecemos uma lista de estilos característicos. Examine a lista e escolha uma categoria que corresponda mais precisamente ao seu estilo.

Em seguida, peça ao seu parceiro para fazer o mesmo. Usem a tabela na página ao lado para ver até que ponto os seus estilos combinam.

Categoria D
Você sempre dá início ao sexo e é bem **dominador**/agressivo na cama (gosta de decidir quais posições vocês vão adotar, quando mudar de posição etc. Geralmente você gosta de estar por cima e no controle.

Categoria E
Você é um amante desembaraçado, **experiente**, que é tecnicamente competente. Você é adaptável na alcova, tem poucas inibições e gosta de uma série de práticas e estilos — você espera o mesmo do seu parceiro.

Categoria F
Você ri bastante na alcova e **gosta de ser feliz** e contar boas piadas. O sexo precisa ser divertido — você acha difícil levá-lo a sério.

Categoria H
Você é um amante atlético, esportivo, com **muita energia**, um hedonista incansável, que leva a sério as coisas do amor, e acha que se não se dedicar muito não faz as coisas como deve.

Categoria K
Você pode ser **excêntrico**, exótico e maluco, semelhante a um kamikaze, e gosta de experimentar os limites da sua sexualidade.

Categoria I
Você é um amante ligeiramente tímido, que às vezes tem medo de errar. A sua **inexperiência** deixa você relutante em relaxar em caso de se embaraçar ou ser surpreendido.

Categoria L
Você pode ser uma pessoa bem louca na alcova e pode ser **barulhento** às vezes. Sem dúvida é uma pessoa apaixonada, mas às vezes também um pouco teatral.

Categoria R
Você gosta de ficar à vontade no quarto, **relaxar** e fazer as coisas bem devagar. Você prefere uma experiência sensual e lânguida.

Categoria S
Você é bem passivo na cama e naturalmente se enquadra num papel **submisso**, deixando o parceiro tomar as iniciativas e ditar como devem proceder na cama.

Categoria T
Você é um pouco **tradicionalista** na cama e gosta que o parceiro siga o papel típico do seu sexo. Você não se sente à vontade com idéias novas sobre quem deve fazer o quê.

VOCÊS SÃO COMPATÍVEIS SEXUALMENTE?

MATRIZ DE COMPATIBILIDADE

Mulher → / Homem ↓	D	E	F	H	K	I	L	R	S	T
D	◌▼	◌	▼	◌	◌❖	▼	◌	▼	❖	❖
E	◌▼	❖	◌▼	◌	◌▼	◌	◌	◌	▼	◌
F	◌▼	◌▼	❖	◌▼	◌	◌▼	❖	▼	▼	▼
H	❖	◌	◌▼	❖	▼	▼	❖	▼	▼	◌▼
K	◌❖	◌▼	◌	▼	❖	▼	◌▼	▼	◌❖	▼
I	▼		▼		▼					
L	◌		❖		◌▼		❖			
R	▼	◌	◌▼	▼	▼	◌	▼	❖	◌❖	◌
S	❖		▼	▼	◌❖	▼	◌▼		◌▼	▼
T	▼	▼	▼	▼	▼	◌	▼	◌▼	❖	❖

LEGENDA

- ▼ Incompatível
- ◌ Combina bem
- ❖ Combina muito bem
- ◌❖ Combina bem e potencialmente combina muito bem*
- ◌▼ Depende/poderia funcionar de qualquer jeito**

*Dependendo das variáveis pessoais — um amante exótico e um amante submisso (K/S) podem se dar esplendidamente bem se o último for suficientemente submisso e o primeiro dos tipos S e M.

**De novo, as variáveis pessoais são fundamentais, dificultando uma generalização. Por exemplo, D/D — alguns amantes de estilo dominador/agressivo gostam de um parceiro que também tome a iniciativa, mas outros acham que estão numa luta pelo poder; K/F — alguns amantes que estão sendo testados gostam de parceiros que possam rir das suas idéias exóticas, mas outros podem se levar mais a sério.

INTERPRETAÇÃO DOS RESULTADOS

Por meio do quadro, encontre o seu estilo e o do seu parceiro, depois sigam as duas linhas até chegar à quadrícula comum aos dois. Dentro dela está o símbolo que mostra se vocês combinam ou não.

O QUE FAZER EM CASO DE DESARMONIA

Esta não é uma ciência exata, especialmente porque os estilos sexuais podem mudar e mudam mesmo com o tempo. As pessoas acabam gravitando em torno de um estilo como o R e para longe de estilos como o H.

Os parceiros com estilos diferentes acabam tendo um tipo de mínimo denominador comum da vida sexual por acordo tácito. Se esse for o seu caso, você precisa conversar abertamente com o seu parceiro sobre as suas respectivas necessidades e estilos (veja as Regras para o Diálogo Construtivo, nas págs. 154-5). Se vocês se controlarem, poderão aprender a acomodar as suas preferências sexuais e se adaptar aos estilos um do outro. Tentem se concentrar menos nas suas diferenças e mais nos aspectos positivos do erotismo que desfrutam juntos.

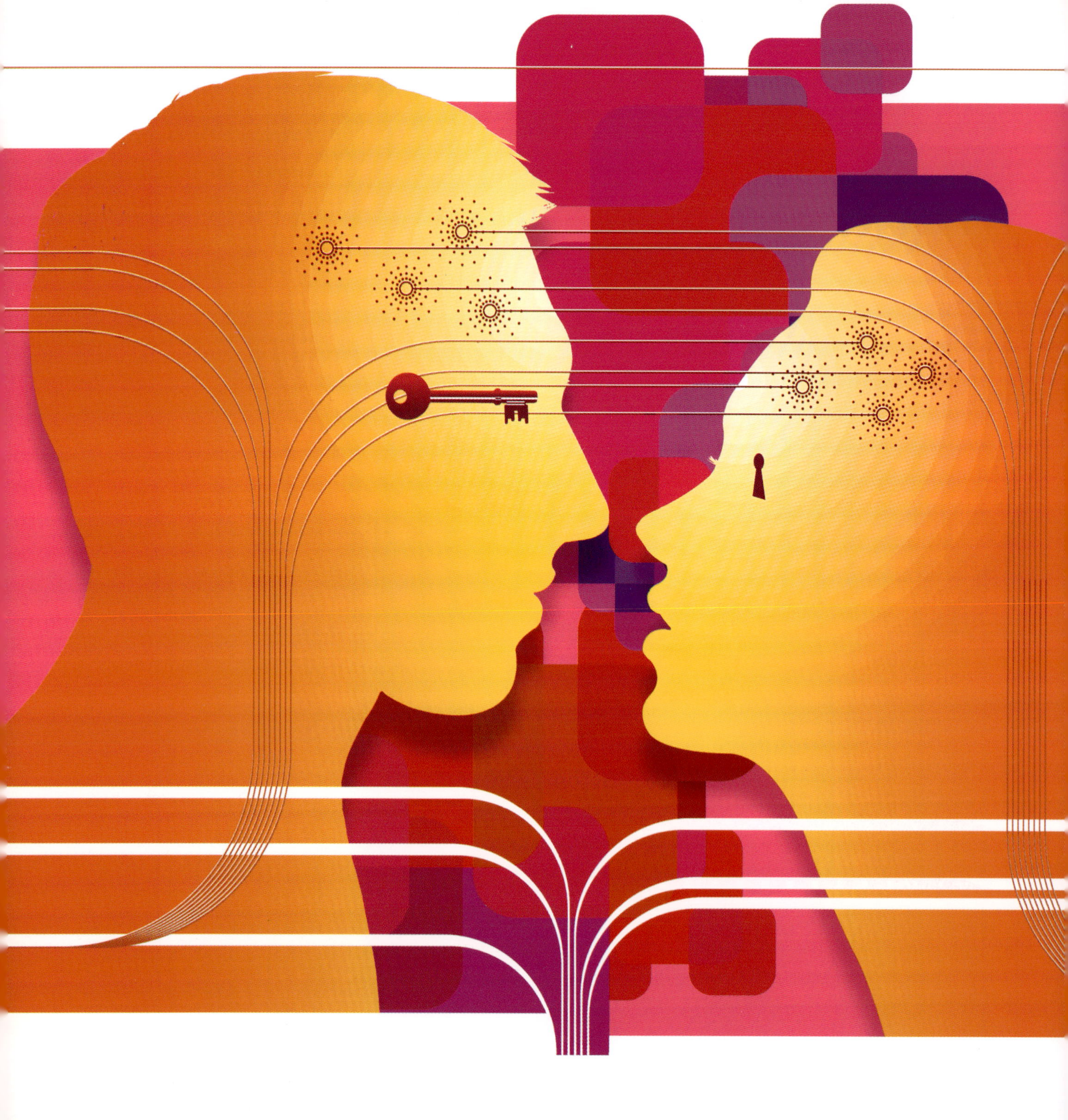

TERCEIRA PARTE

Vocês São Compatíveis Psicologicamente?

ANTECEDENTES

O que você e o seu parceiro passam a maior parte do tempo fazendo? É bem provável que não seja apenas mantendo relações sexuais, por mais que vocês estejam atraídos um pelo outro. A duração das relações sexuais na maioria dos relacionamentos gira em torno de 20 minutos — com uma média de até uma hora por semana. A maior parte do seu tempo em comum é preenchida de maneira semelhante ao tempo que vocês passam com os amigos: conversando, fazendo companhia um ao outro ou simplesmente ficando juntos. Para manter esse convívio a longo prazo é imprescindível que você e o seu parceiro combinem bem; que vocês se gostem e que apreciem a companhia um do outro; que vocês pensem de modo semelhante e tenham sentimentos parecidos. Em outras palavras, que vocês sejam compatíveis psicologicamente — não só no seu primeiro encontro ou durante o primeiro mês, mas ao longo dos anos e das décadas.

O termo que usamos para nos referir às características psicológicas de um indivíduo a longo prazo é "personalidade" — a soma das características pessoais duradouras e relativamente estáveis (também conhecidas como traços pessoais). A compatibilidade psicológica é determinada pela intensidade com que a sua personalidade combina com a do seu parceiro. Para avaliar essa compatibilidade em profundidade, precisamos considerar diversos elementos.

Traços e testes

A psicologia da personalidade é um campo controvertido, porque existe um acordo relativo em torno da definição dos diversos traços, e estabelecer uma lista das características que constituem a personalidade é difícil. Algumas características de comportamento são comuns a praticamente todos os seres humanos, mas não explicam muita coisa. Por exemplo, a capacidade de usar a linguagem é um aspecto determinante da psicologia humana, mas não necessariamente da personalidade. Outras características dependem mais da situação em que você se encontra. Você pode se sentir assustado ao assistir a um filme de horror, mas assustar-se não é necessariamente parte integrante da sua personalidade.

Até mesmo características com que todos costumam estar de acordo podem ter problemas, porque é difícil dizer quais traços são separados de outros, ou simplesmente constituem facetas de um traço mais geral. Por exemplo, o recato, a aversão a multidões, a preferência pela solidão, a reflexão, a hesitação ao falar, a modéstia, a deferência e a timidez, todos são traços diferentes entre si, muito embora estejam interligados. No caso dessa lista em especial, os psicólogos dizem que esses são todos aspectos do traço de personalidade mais amplo da introversão. A introversão em si é o oposto de extroversão, que envolve ser gregário, expansivo, confiante, sociável, imodesto, impetuoso etc. A maioria das pessoas cai em algum ponto entre esses dois extremos. Portanto, podemos dizer que a extroversão/introversão forma uma dimensão da personalidade.

Quantas outras dimensões existem? De acordo com as mais diferentes teorias, existiriam entre uma e dezenas, mas o consenso geral é de que existem cinco dimensões principais da personalidade:

* Extroversão versus introversão
* Conscienciosidade/responsabilidade versus irresponsabilidade
* Receptividade/imaginação versus falta de imaginação
* Agradabilidade versus irritabilidade
* Estabilidade nervosa/emocional versus instabilidade

Esta parte do livro contém testes para ver se você e o seu parceiro são compatíveis nessas cinco dimensões, além de outros elementos da personalidade que geralmente são aceitos. Também incluí alguns elementos não tão bem reconhecidos — inteligência emocional, criatividade, senso de humor e limiar do tédio — porque sei, graças à minha prática como psicólogo, que são importantes para as pessoas. Você também encontrará alguns testes para avaliar alguns aspectos da sua vida que são muito influenciados pela personalidade, como as coisas de que você gosta e de que não gosta. Por fim, incluí dois testes que tratam diretamente do efeito que a sua personalidade tem sobre a maneira como você se relaciona com o seu parceiro em discussões e nas relações diárias.

Natureza versus criação

De onde vêm os traços de personalidade discutidos acima? Será que eles fazem parte da sua herança genética — são características inatas do seu cérebro e, portanto, da sua psicologia? Ou serão o resultado das suas experiências adquiridas nos anos de formação e ao longo da vida — características aprendidas ou adquiridas? Provavelmente, a resposta será que a personalidade se desenvolve a partir da combinação dessas duas forças. No entanto, como está além dos limites desta obra analisar a contribuição genética para as características da sua personalidade, os testes contidos nesta parte tratam do lado da equação relativo à sua "formação", investigando o seu histórico pessoal e familiar e indagando se esses elementos combinam com os do seu parceiro.

Vocês São Extrovertidos ou Introvertidos?

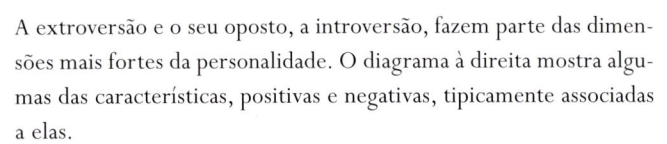

A extroversão e o seu oposto, a introversão, fazem parte das dimensões mais fortes da personalidade. O diagrama à direita mostra algumas das características, positivas e negativas, tipicamente associadas a elas.

Alguns psicólogos questionam se a dimensão extroversão/introversão é a mais fundamental da personalidade, e se a maioria das outras características não seriam aspectos desta. Alguns afirmam que deve ser biológica — em outras palavras, que as pessoas acanhadas podem ter estrutura cerebral diferente das pessoas sociáveis.

EXTROVERSÃO: Falador, Aventureiro, Positivo, Entusiasmado, Presunçoso, Gregário, Exibido, Confiante, Atrevido, Alegre, Animado, Arrogante, Sociável

O Questionário

Você e o seu parceiro precisam responder às perguntas separadamente e depois comparar os resultados.

1 Se você estivesse numa festa e alguém quisesse tirar a sua fotografia, como você reagiria?
a Esconderia o rosto para desencorajar o fotógrafo.
b Sorriria e faria pose.

2 Você foi assistir a uma palestra do seu escritor predileto e existe uma pergunta que você sempre quis fazer a ele. Depois de terminar a palestra, ele começa a responder a perguntas. Você se adianta e faz a sua pergunta ou deixa para depois, para tentar se aproximar quando estiverem só vocês dois?
a Esperaria por uma ocasião depois da palestra.
b Faria a sua pergunta diante de todo mundo.

3 O seu chefe lhe dá a possibilidade de escolher entre dois projetos de trabalho. Um requer que você atue sozinho, o outro significa trabalhar em equipe. Qual deles você escolhe?
a Aquele em que você vai trabalhar em equipe.
b Aquele em que você vai atuar sozinho.

4 Analisando a distribuição dos lugares numa recepção de casamento você percebe que o colocaram entre dois estranhos. O que você faz?
a Senta-se e se apresenta aos vizinhos — acima de tudo, um estranho nada mais é do que um amigo que você não conheceu.
b Muda de lugar para se sentar entre amigos.

5 Você está assistindo a uma comédia na primeira fila e, quando o comediante entra em cena, você sente que precisa *realmente* ir ao banheiro! O que você faz?
a Cruza as pernas e espera pelo intervalo, mesmo que não seja capaz de rir por mais engraçadas que sejam as cenas.
b Levanta-se e vai ao banheiro — o comediante que se vire!

6 Você está na sala de aula e o professor faz uma pergunta à classe cuja resposta aparentemente só você sabe. Você levantaria a mão para responder?
a Sim.
b Não.

7 Você tem uma porção de amigos ou apenas alguns mais íntimos?
a Uma porção de amigos.
b Só alguns íntimos.

VOCÊS SÃO COMPATÍVEIS PSICOLOGICAMENTE

INTROVERSÃO

Reservado · Introspectivo · Cuidadoso · Modesto · Despretensioso · Pensativo · Arredio · Solitário · Resignado · Melancólico · Quieto · Tímido · Esquivo

0-2 Vocês têm uma dimensão extroversão-introversão altamente compatível. O seu temperamento combina perfeitamente em termos de espírito gregário, sociabilidade, volubilidade etc.

3-5 Vocês têm uma compatibilidade intermediária. Um de vocês pode ser mais enfático, mais expansivo e exibido que o outro. Haverá ocasiões em que o parceiro mais introvertido se sentirá embaraçado ou irritado pelo mais extrovertido, e situações em que o mais extrovertido se sentirá exasperado ou desapontado em relação ao introvertido.

6-8 Vocês têm uma compatibilidade baixa nesse terreno. Um de vocês gosta de conhecer pessoas e ir a festas, ao passo que o outro prefere ficar em casa e é acanhado em relação a desconhecidos. Um de vocês se diverte participando de um espetáculo de comédia, enquanto o outro se afunda no assento da poltrona. Não faltarão oportunidades para conflitos.

O QUE FAZER EM CASO DE DESARMONIA

Antes de mais nada, é um mistério como duas pessoas tão diferentes se sentiram atraídas uma pela outra, mas agora que vocês se conheceram não se desesperem! Em primeiro lugar, vocês terão de superar as suas reações automáticas às características do parceiro que mais exasperam e irritam, seja se um sente que o outro é tímido demais, melancólico e mal-humorado, seja se um sente que o outro parece espalhafatoso, arrogante e exibido. Lembrem-se: só porque vocês não concordam com a maneira como o parceiro faz certas coisas, não significa que o jeito dele está errado — ele é apenas diferente.

Em segundo lugar, usem as suas diferenças a seu favor, tornando-se um o complemento do outro. Se um parceiro é extrovertido, pode ajudar o outro a ser mais positivo, a conhecer pessoas e sair da concha, a apreciar melhor a vida. Se um parceiro é introvertido, pode ajudar o outro a ser mais modesto, apreciar os prazeres ocultos da vida e manter a cabeça baixa quando necessário.

8 Na avaliação da sua produtividade anual, o seu chefe lhe diz que você foi escolhido como o funcionário-modelo da empresa. Como você se sentiria ao contar aos seus amigos sobre isso?
a *Não esconderia, mas também não comentaria diretamente.*
b *Age como se eles devessem saber.*

INTERPRETAÇÃO DOS RESULTADOS

Use o quadro abaixo para calcular a sua pontuação e depois ache a diferença entre o seu resultado e o do seu parceiro. Essa será a sua classificação de compatibilidade quanto à extroversão-introversão.

Pergunta/Resposta	a	b
1	0	1
2	0	1
3	1	0
4	1	0
5	0	1
6	1	0
7	0	1
8	1	0

Você É Tão Consciencioso Quanto o Seu Parceiro?

A conscienciosidade é o mais recente acréscimo ao panteão dos traços conhecidos como mais fundamentais da personalidade, e explica bem uma característica que a maioria das pessoas é capaz de compreender e que é importante nos relacionamentos. A conscienciosidade ou a responsabilidade está numa extremidade de um contínuo em cuja outra extremidade encontra-se a irresponsabilidade. O diagrama abaixo mostra algumas das características, positivas e negativas, tipicamente associadas a ambas.

A conscienciosidade geralmente está relacionada com a ordem de nascimento (veja a pág. 80) — o filho primogênito tradicionalmente marca mais pontos e o caçula menos. Isso condiz com o seu padrão familiar?

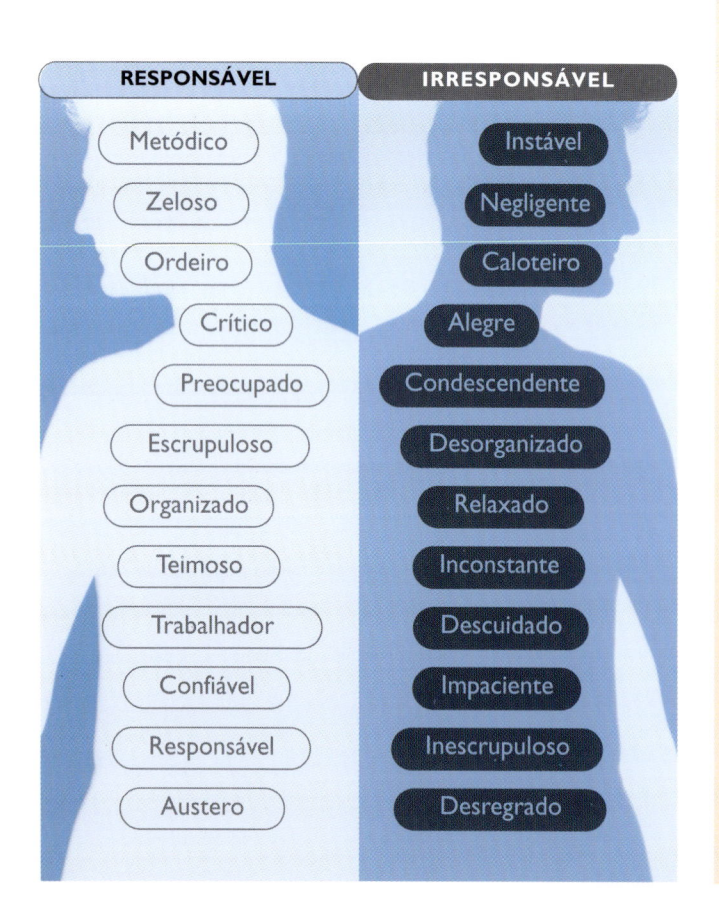

RESPONSÁVEL	IRRESPONSÁVEL
Metódico	Instável
Zeloso	Negligente
Ordeiro	Caloteiro
Crítico	Alegre
Preocupado	Condescendente
Escrupuloso	Desorganizado
Organizado	Relaxado
Teimoso	Inconstante
Trabalhador	Descuidado
Confiável	Impaciente
Responsável	Inescrupuloso
Austero	Desregrado

O Questionário

Você e o seu parceiro devem cada um responder a este questionário e depois comparar os resultados.

1 A data do seu aniversário está chegando e um dos seus presentes chega uma semana antes, com uma observação escrita no envelope do cartão: "Não abra antes do dia do seu aniversário!" Você esperaria até o dia do aniversário ou abriria imediatamente?
a *Esperaria.*
b *Abriria imediatamente.*

2 Você foi assistir a um filme "imperdível", que todos os críticos indicaram entusiasticamente. No meio da sessão você se dá conta de que ficou entediado. Você sairia no meio ou esperaria o filme acabar?
a *Sairia no meio.*
b *Esperaria o final da sessão.*

3 Você faz uma compra numa loja do bairro e o caixa lhe dá o seu troco. Quando você sai da loja, se dá conta de que o caixa lhe deu troco a mais. Você voltaria à loja e devolveria o dinheiro?
a *Sim.*
b *Não.*

4 Quando você recebe a incumbência de fazer um trabalho escolar, qual das alternativas abaixo retrata a sua postura?
a *Deixa para a última hora.*
b *Começa a fazer o trabalho imediatamente e só pára quando terminar.*

5 Com qual das afirmações abaixo você concorda mais?
a *As regras são feitas para serem desrespeitadas.*
b *Nunca se deve desobedecer à lei.*

VOCÊS SÃO COMPATÍVEIS PSICOLOGICAMENTE?

6 Você foi informado de que é quem deve cuidar dos arquivos durante o próximo mês no escritório. Essa é uma tarefa tediosa. Que tipo de trabalho provavelmente você faria?
a *Um trabalho completo, mesmo que tome muito tempo e requeira o máximo de atenção — qualquer tipo de trabalho vale a pena ser bem feito.*
b *Um trabalho rápido — nada é assim tão importante e alguns errinhos não vão incomodar ninguém.*

7 Você está na sala de um colega e observa que a mesa dele está limpa e bem organizada, sem papéis soltos nem canetas espalhadas. A que conclusão você chegaria mais provavelmente?
a *O seu colega é tenso e precisa relaxar um pouco.*
b *O seu colega é limpo e organizado — e isso é louvável.*

8 Você está cuidando dos filhos de um amigo, que lhe deu instruções estritas para não dar mais do que duas bolachas às crianças e não deixá-las acordadas depois das nove e meia da noite. As crianças não concordam e começam a pedir mais. Qual seria a sua reação?
a *Umas bolachinhas e mais meia hora de diversão não vão matá-las.*
b *Os pais das crianças sabem o que é certo e elas devem fazer o que foi recomendado.*

INTERPRETAÇÃO DOS RESULTADOS

Usem a tabela abaixo para calcular os seus pontos e depois encontrem as diferenças entre vocês dois. Essa é a sua classificação de compatibilidade quanto à conscienciosidade.

Pergunta/Resposta	a	b
1	1	0
2	0	1
3	1	0
4	0	1
5	0	1
6	1	0
7	0	1
8	0	1

0-2 Se vocês dois obtiveram uma pontuação alta é porque compartilham posturas semelhantes quanto a seguir as regras, esforçar-se no trabalho etc. Se vocês obtiveram uma pontuação baixa é improvável que se desapontem se um se comportar de maneira menos que impecável com o outro. No entanto, os dois têm posturas suspeitas em relação a questões como fidelidade, lealdade etc.

3-5 Vocês têm uma compatibilidade média. Devem estar preparados para uma discussão de vez em quando sobre questões éticas e a demora em se sentir gratificados.

6-8 Vocês têm baixa compatibilidade. Um de vocês tem padrões muito mais elevados que o outro, enquanto um de vocês pode achar que o outro é um verdadeiro tolo do ponto de vista sentimental. Essa dimensão afeta o modo de pensar em relação à ética, à moral e aos valores.

O QUE FAZER EM CASO DE DESARMONIA

É importante lembrar que a diferença entre muita e pouca conscienciosidade não é necessariamente a mesma coisa que a diferença entre bom e mau. As pessoas que diferem nesta dimensão podem compensar os pontos fracos um do outro.

Vocês Estão Abertos a Novas Experiências?

A receptividade a novas experiências, percepções e conhecimentos, também conhecida como imaginação, refere-se à maleabilidade do pensamento de uma pessoa, à sua originalidade e criatividade e a que grau essa pessoa está preparada para questionar ou se acomodar. Na outra extremidade dessa dimensão encontra-se a incompreensão ou falta de imaginação. Índices elevados de abertura costumam estar associados aos impulsos artísticos e à criatividade (veja a pág. 70), posturas liberais e o desejo de desvendar o desconhecido e buscar a complexidade. Índices baixos estão associados a pessoas conservadoras que preferem seguir rotinas e prender-se ao que as deixa mais à vontade.

O diagrama à direita mostra algumas dessas características positivas e negativas tipicamente associadas a ambos os extremos desta dimensão.

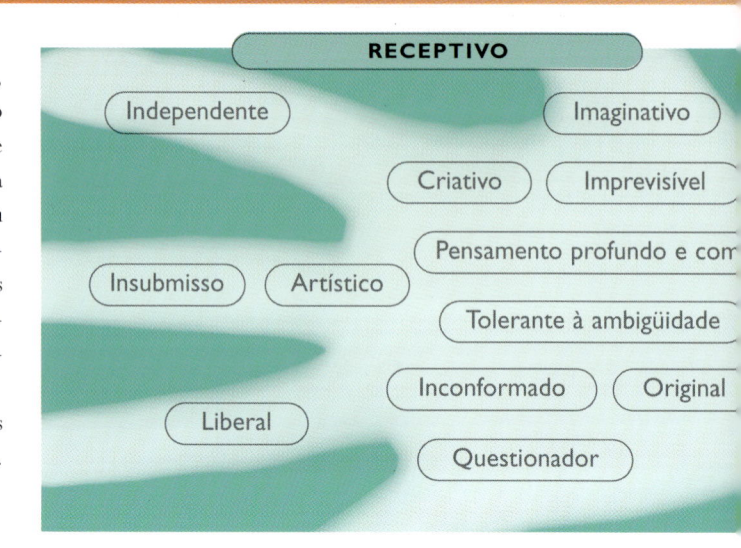

RECEPTIVO
- Independente
- Imaginativo
- Criativo
- Imprevisível
- Pensamento profundo e com
- Insubmisso
- Artístico
- Tolerante à ambigüidade
- Inconformado
- Original
- Liberal
- Questionador

O Questionário

Você e o seu parceiro precisam responder cada um a todas as perguntas e depois comparar os resultados.

1 Se os dias que vocês passaram num determinado hotel no ano anterior representaram as melhores férias da sua vida, vocês voltariam ao mesmo lugar no ano seguinte ou experimentariam um lugar diferente?
a *Voltariam ao mesmo lugar.*
b *Experimentariam um lugar diferente para passar as férias.*

2 Qual das alternativas abaixo está mais próxima da sua noitada ideal?
a *Uma noite com os amigos no seu bar ou restaurante predileto.*
b *Visitar um novo ponto de agitação noturna e conhecer um grupo de pessoas diferentes.*

3 Imagine que o seu filho queira experimentar uma combinação estranha de alimentos, como macarrão com paçoca de amendoim. O que vocês diriam?
a *"Parece horrível, mas vá em frente e experimente se quiser!"*
b *"De maneira nenhuma!"*

4 Vocês foram convidados para o casamento de uma prima, mas ela decidiu fazer a cerimônia embaixo da água, numa piscina, e todos os convidados devem vestir roupas de banho e usar máscara de mergulho com respirador. Vocês iriam?
a *Claro — parece divertido.*
b *Provavelmente não — o que há de errado com uma cerimônia normal?*

5 Quando assistem ao noticiário pela televisão, que tipo de informes vocês preferem?
a *Aqueles que analisam os assuntos em profundidade e exploram mais de um ângulo.*
b *Aqueles apresentados com naturalidade e que tratam de todos os assuntos com a mesma clareza e simplicidade.*

6 Vocês vão ao cinema para ver um filme que um amigo recomendou, mas na entrada descobrem que se trata de um documentário estrangeiro em branco e preto e legendado. Vocês entram assim mesmo?
a *Sim.*
b *Provavelmente não.*

VOCÊS SÃO COMPATÍVEIS PSICOLOGICAMENTE?

INTOLERANTE

- Conservador
- Sem imaginação
- Tradicionalista
- Antiquado
- Avesso a mudanças
- Previsível
- Conformista
- Aprecia a definição
- Medíocre
- Lógico
- Grosseiro
- Convencional

INTERPRETAÇÃO DOS RESULTADOS

Usem a tabela para calcular os seus pontos e depois encontrem a diferença entre os dois. Essa será a sua classificação de compatibilidade quanto à receptividade.

Pergunta/Resposta	a	b
1	0	1
2	0	1
3	1	0
4	1	0
5	1	0
6	1	0
7	1	0
8	0	1

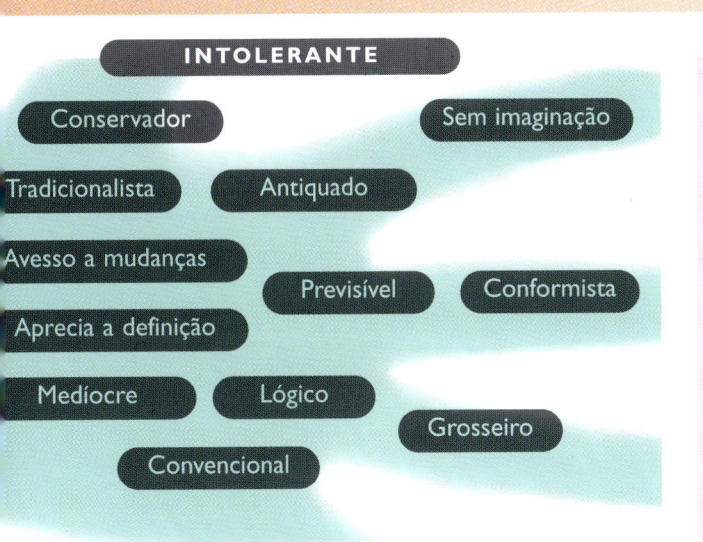

7 Vocês estão caminhando pela praia, procurando um lugar para estender a toalha e tomar um banho de sol. Vocês encontram um lugar, mas quando observam melhor constatam que bem ao lado estão duas pessoas numa tórrida cena de beijos e abraços. O que vocês fazem?
a *Estendem a toalha e sentam-se.*
b *Vão procurar outro lugar.*

8 Está na hora do almoço e vocês acompanham as dezenas de outros trabalhadores que comem um lanche na praça vizinha. Um casal de crianças começa a fazer estripulias com skates entre os bancos. Qual a reação de vocês?
a *Ficam indignados com o comportamento anti-social delas, incomodando os outros e podendo ferir alguém.*
b *Admiram a habilidade das crianças.*

0-2 Grande compatibilidade. Significa que vocês têm a maior probabilidade de compartilhar interesses, amigos, posições políticas etc.
3-5 Compatibilidade média. Há uma tendência a alguns conflitos, mas esses acontecem pela maneira como os pontos positivos de um complementam os pontos negativos do outro.
6-8 Pouca compatibilidade. Deve haver um verdadeiro problema. Um de vocês é tradicionalista, o outro é progressista. Um de vocês é aventureiro, o outro é cauteloso. Isso limita as opções de vocês para atividades e interesses em comum.

O QUE FAZER EM CASO DE DESARMONIA

Aquele que obtém uma pontuação elevada na dimensão de receptividade tem mais probabilidade de entender melhor o parceiro menos imaginativo. Quando o casal combina essa diferença com o respeito e a compreensão aos pontos de vista pessoais, será capaz de superar a distância entre os dois. Por outro lado, o parceiro mais conservador terá de se esforçar mais para superar a sua desconfiança natural em relação à liberdade de pensamento do parceiro, assim como pelas atitudes abertas dele. Procurem se concentrar nos aspectos positivos da abertura — por exemplo, as pessoas receptivas são mais abertas às oportunidades. Se tudo falhar, consolem-se pensando que essa abertura geralmente diminui com a idade.

Você É Tão Agradável Quanto o Seu Parceiro?

Talvez a mais intuitivamente óbvia das cinco grandes características da personalidade, a agradabilidade, tem implicações diretas sobre os relacionamentos. Ela envolve atitudes em relação às outras pessoas — confiança, cooperação e altruísmo. Em termos leigos, alguém que marque mais pontos nesta dimensão pode ser considerado "de boa índole" ou "bom". No oposto estão o antagonismo, a irritabilidade e o egoísmo.

Esta dimensão influencia acentuadamente o tipo e o tom dos seus relacionamentos — se eles são cordiais ou hostis, amistosos ou acrimoniosos. Obviamente, as pessoas que marcam menos pontos quanto à agradabilidade apresentam um risco maior de ter discussões e rompimentos com o parceiro. Por outro lado, poderia ser questionado se as pessoas que marcam mais pontos são mais propensas a serem exploradas (embora o seu ponto de vista a respeito possa depender da sua pontuação neste teste).

O diagrama abaixo mostra algumas das características, positivas e negativas, tipicamente associadas a esses traços opostos.

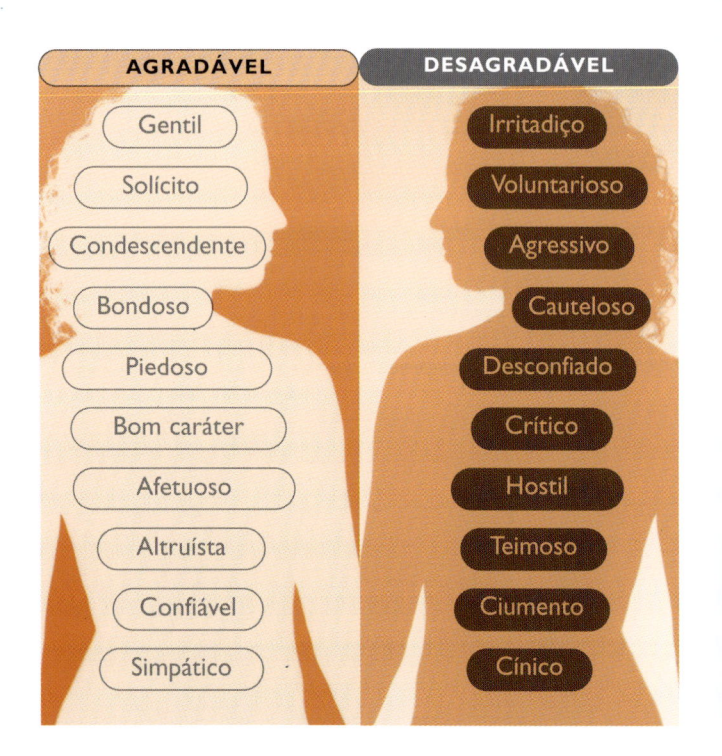

AGRADÁVEL	DESAGRADÁVEL
Gentil	Irritadiço
Solícito	Voluntarioso
Condescendente	Agressivo
Bondoso	Cauteloso
Piedoso	Desconfiado
Bom caráter	Crítico
Afetuoso	Hostil
Altruísta	Teimoso
Confiável	Ciumento
Simpático	Cínico

O Questionário

Você e o seu parceiro precisam responder cada um ao questionário e depois comparar os resultados.

1 Se você teve uma discussão com um amigo e depois recebe um telefonema dele, o que pensaria antes de mais nada?
a O meu amigo quer fazer as pazes.
b O meu amigo quer começar outra briga.

2 Imagine que um irmão, primo ou sobrinho mais novo está lhe contando uma história e pronuncia mal uma palavra. O que você provavelmente faria?
a Corrigiria a pronúncia dele.
b Ignoraria o engano.

3 Se um motorista lhe dá uma fechada no trânsito, o que você faz?
a Demonstra a sua irritação buzinando ou encostando no veículo dele.
b Deixa pra lá.

4 Você está numa festa conversando com um grupo de amigos quando um desconhecido é apresentado ao grupo. O recém-chegado começa a comentar, em voz mais alta do que o normal, sobre uma recente viagem à África. Qual o seu primeiro pensamento?
a Ele é um exibido.
b Ele deve estar nervoso por ter de conversar de repente com um grupo que já se conhecia.

5 Um dos seus colegas precisa sair mais cedo para resolver um problema em casa, e você tem de trabalhar mais por causa da ausência dele. Como você se sente?
a Preocupado com o colega.
b Irritado por ter de se sacrificar pelos problemas alheios.

VOCÊS SÃO COMPATÍVEIS PSICOLOGICAMENTE?

INTERPRETAÇÃO DOS RESULTADOS

Usem a tabela abaixo para calcular a sua pontuação, e depois encontrem a diferença entre vocês dois. Esta será a sua classificação na dimensão da agradabilidade.

Pergunta/Resposta	a	b
1	1	0
2	0	1
3	0	1
4	0	1
5	1	0
6	1	0
7	1	0
8	0	1

6 Você está andando no supermercado e um demonstrador de uma promoção estende um maço de folhetos na sua direção. Qual a sua primeira reação?
a *"Uau — hoje é o meu dia de sorte!"*
b *"Que nova armação será esta?"*

7 Como você reage quando o seu parceiro chega do trabalho de mau humor?
a *Evita fazer algo que possa irritá-lo e o encoraja a conversar sobre o problema.*
b *Fica em guarda quanto ao humor do parceiro e planeja a sua retaliação se ele se virar contra você.*

8 Alguém de quem você desgosta veementemente no trabalho está se aposentando. Durante a festa de despedida, você se vê ao lado desse colega. O que você faz?
a *Desfecha uma ironia.*
b *Cala-se — se não tem nada agradável a dizer, não diz nada.*

0-4 Se vocês dois obtiveram uma pontuação alta quanto à capacidade de ser agradável, esse é um bom sinal para o futuro do relacionamento — vocês se dão bem com todo mundo. Se os dois tiveram uma pontuação baixa, no entanto, o seu relacionamento pode ser mais cheio de desavenças e discussões. Mas pelo menos as pessoas irritadiças, desconfiadas e céticas se compreendem.

5-8 Baixa compatibilidade nesta dimensão. Um de vocês parece ser "mais difícil de agradar" do que o outro. Nem todos os casais aceitam isso, especialmente quando parte de ser agradável é fazer concessões a pessoas desagradáveis. Além disso, o parceiro mais desconfiado provavelmente impedirá o outro de levar a melhor na maioria das vezes.

O QUE FAZER EM CASO DE DESARMONIA

Muitos de nós gostaríamos de nos tornar pessoas melhores, e no relacionamento um parceiro serve de modelo para isso. Se você for o parceiro "desagradável", siga o instinto de sua "metade melhor" e use-o para reeducar as suas tendências. Se for o parceiro agradável, a mania de concordar com tudo em geral acompanha uma certa falta de agressividade. Nesse caso, o parceiro desagradável pode ajudar, pois a sua personalidade o libera de algumas inibições que podem prejudicar a agressividade.

O Teste da Neurose

Também conhecida como instabilidade emocional, a neurose exprime a tendência a ficar irritado, inseguro, exaltado ou ansioso. O seu oposto é a estabilidade emocional, ou tranqüilidade. Assim como a oposição extroversão/introversão, a oposição neurose/estabilidade costuma ser considerada a primeira das cinco grandes dimensões dos traços da personalidade.

Não é de surpreender que a neurose em geral seja considerada como um traço negativo e associado a humores e emoções negativas, como a culpa, a vergonha e a raiva. As pessoas que marcam muitos pontos nesta dimensão tendem a ser mais propensas à ansiedade e à depressão. Elas são menos capazes de manter a estabilidade emocional ou de manter a tranqüilidade, tendendo a dar um toque negativo a tudo o que lhes acontece. As pessoas neuróticas são preocupadas demais e derrotistas. As que não alcançam uma pontuação elevada nesta dimensão tendem a ser menos inibidas e mais seguras.

O diagrama à direita mostra algumas das características, positivas e negativas, tipicamente associadas à neurose e à sua dimensão oposta.

O Questionário

Você e o seu parceiro devem responder cada um a todas as perguntas e depois comparar os resultados. Respondam com a maior honestidade possível.

1 Você sai de férias e vai à praia. Depois que o seu avião pousa, você descobre que o tempo está úmido e frio. Qual é a sua primeira reação?
a *É sempre assim! Toda vez que a gente sai de férias chove!*
b *Quem sabe amanhã o tempo melhora.*

2 O noticiário sobre o trânsito informa que há um congestionamento na avenida principal por causa de um acidente — é a avenida pela qual o seu parceiro vai para o trabalho. Você ficaria preocupado, pensando que o acidente poderia ser com ele?
a *Sim.*
b *Não.*

3 Você teve um pequeno desentendimento com um colega de trabalho. Ficaria preocupado pensando que exagerou na reação, ou dormiria tranqüilo sabendo que estava com toda a razão?
a *Dormiria tranqüilo.*
b *Ficaria preocupado.*

4 Alguém no trabalho nota que você cortou o cabelo e diz: "Ei... corte novo de cabelo!" O que você pensa?
a *O colega gostou do seu novo corte de cabelo.*
b *O colega acha que você ficou com uma aparência horrível.*

5 Como você se sente normalmente depois de um teste?
a *Acha que fez o melhor possível; não adianta se preocupar com as respostas agora.*
b *Repassa as respostas mentalmente e pensa se deveria ter dado outras.*

6 Você levou o seu parceiro para conhecer os seus pais, e a sua mãe propõe pegar o velho álbum de retratos e mostrar as suas fotos de quando era criança e adolescente. Como você se sente?
a *Preocupado: será que o parceiro vai achar que você era um idiota quando criança?*
b *Confiante: pode ser que você pareça tolo, mas aquilo aconteceu há muito tempo.*

7 Você está numa festa e um dos convidados diz que pode adivinhar a sua personalidade só de olhar para a palma da sua mão. O que você pensa?
a *Pode ser divertido.*
b *Ele pode dizer alguma coisa indesejável e eu me sentir embaraçado.*

VOCÊS SÃO COMPATÍVEIS PSICOLOGICAMENTE

NEURÓTICO
- Autocomiseração
- Deprimido
- Vulnerável
- Indeciso
- Preocupado
- Ansioso
- Inibido
- Culpado
- Inseguro
- Genioso
- Negativo
- Pouca auto-estima

EMOCIONALMENTE ESTÁVEL
- Ponderado
- Confiante
- Sereno
- Seguro
- Imperturbável
- Equilibrado
- Tranqüilo
- Calmo
- Inabalável
- Controlado
- Objetivo
- Sereno

8 Se você for a um encontro às escuras, acha que um único encontro será suficiente para causar uma boa impressão, ou seriam precisos vários encontros para que a outra pessoa o conheça como realmente é?
a Um encontro será suficiente.
b Será preciso mais de um encontro.

INTERPRETAÇÃO DOS RESULTADOS

Usem a tabela abaixo para calcular os seus resultados e depois encontrar a diferença entre vocês. Esta será a sua classificação de compatibilidade na dimensão da neurose.

Pergunta/Resposta	a	b
1	1	0
2	1	0
3	0	1
4	0	1
5	0	1
6	1	0
7	0	1
8	0	1

(0-2) Se vocês dois obtiveram resultados baixos, provavelmente são pessoas bem-ajustadas que estão felizes consigo mesmas, fazendo o melhor possível para superar os conflitos — o que é essencial para a saúde dos relacionamentos a longo prazo.

(3-6) Vocês terão de lidar com um grau perfeitamente normal de ansiedade e indecisão. Às vezes terão de ir com cuidado, para evitar magoar um ao outro, mas na maior parte do tempo vocês estarão bem.

(7-9) Se os dois tiveram resultados elevados, terão uma tendência a serem negativos e a sua frágil autoconfiança pode ser abalada por um gesto impensado ou palavra descuidada. Isso coloca o relacionamento em bases inseguras, uma vez que vocês terão de tomar um cuidado especial para não perturbar um ao outro. O lado bom disso é que vocês compartilham a mesma visão fria em relação à vida.

Um parceiro obteve um resultado alto e o outro um resultado baixo. Até certo ponto, o parceiro estável pode compensar o neurótico, mas a longo prazo isso pode se tornar um fardo.

O QUE FAZER EM CASO DE DESARMONIA

A neurose isolada é um traço negativo e nada atraente, mas é apenas uma dimensão da personalidade. Combinada com outros traços, um certo grau de neurose pode ser produtivo e motivador — por exemplo, em conjunto com a conscienciosidade pode inspirar a ambição e o empenho. Dito isso, não há dúvida de que as pessoas neuróticas têm de se esforçar bastante para manter o relacionamento a longo prazo. Se você obteve uma pontuação elevada quanto à neurose, preste muita atenção ao meu Plano para o Relacionamento Perfeito (veja a pág. 152).

Você É Mais Inteligente Que o Seu Parceiro?

Os testes de inteligência são controversos, porque as pessoas alegam que carregam preconceitos quanto a etnia/classe/etc., ou que medem apenas a capacidade de fazer testes de inteligência. Algumas dessas objeções levantam dúvidas justificadas, mas um grande número de pesquisas mostra que os testes de inteligência medem a verdadeira inteligência e que são bons nesse sentido.

O questionário a seguir baseia-se no teste sobre Capacidade Mental Geral, desenvolvido por Louis Janda e colegas em 1995, e é usado, por exemplo, por algumas empresas para selecionar os candidatos a emprego. O teste analisa diferentes subtipos de inteligência, incluindo a inteligência verbal e matemática, e tem algumas questões de conhecimentos gerais (pode parecer que essas questões testam os conhecimentos em lugar da inteligência, mas a) os dois estão normalmente relacionados e, b) essas questões em especial também envolvem algum grau de solução de problemas).

Teste 1: Inteligência

Este é um teste de múltipla escolha, e tanto você quanto o seu parceiro devem fazê-lo. Vocês podem atribuir um tempo limite ou demorar o tempo que quiserem, desde que os dois façam o teste em idênticas condições. Marquem um ponto para cada resposta correta.

APTIDÃO VERBAL
Escolha a alternativa que complete melhor a frase.

1 Exacerbar está para intensificar assim como ascender está para…
a *cair* c *baixar*
b *subir* d *acumular*

2 Intenso está para concentrado assim como anódino está para…
a *profundo* c *substancial*
b *pesado* d *banal*

3 Investigar está para aceitar assim como prolixo está para…
a *sucinto* c *sinuoso*
b *ladainha* d *alongado*

4 Móvel está para incompreensível assim como mobiliar está para…
a *conferir* c *legar*
b *eliminar* d *permitir*

5 Conferir está para conceder assim como esotérico está para…
a *óbvio* c *oculto*
b *comum* d *transcendente*

6 Extravagante está para grotesco assim como mundano está para…
a *cotidiano* c *fabuloso*
b *irreal* d *mítico*

VOCÊS SÃO COMPATÍVEIS PSICOLOGICAMENTE?

CONHECIMENTOS GERAIS

7 Qual é o equivalente em Celsius a 0°F?
a -32°
b -17.8°
c 32°
d 0°

8 Em qual destes lugares a água de temperatura inicial igual ferve mais rapidamente?
a Mar Morto
b Times Square
c Pico do monte Everest
d Leva o mesmo tempo em qualquer um dos lugares.

9 Quantas arestas tem um cubo?
a 12
b 11
c 16
d 10

10 Qual destes planetas tem o ano mais curto?
a Júpiter
b Vênus
c Marte
d Netuno

11 Qual destas cidades fica mais ao norte?
a Oslo
b Reykjavik
c Copenhague
d Estocolmo

CONHECIMENTOS DE MATEMÁTICA

12 Se $8x + 4y = 16$, então $2x + y = ?$
a 8
b $1/2$
c 4
d 2

13 $2/5 \times 3/4 \div 3/5 =$
a $1/16$
b 2
c $18/25$
d $1/2$

14 O clube de boliche tem 60 associados: 45 deles são mulheres. Qual o percentual de homens?
a 30%
b 22.5%
c 15%
d 25%

15 Qual destes números é o menor?
a $16/30$
b $26/50$
c $81/160$
d $32/62$

16 No total, 32 jogadores se inscreveram para um torneio de tênis no qual cada partida é eliminatória. Quantas partidas terá o torneio?
a 16
b 31
c 32
d 64

17 Uma doceira faz embalagens de balas com dois sabores, contendo cada uma das embalagens uma proporção de 4 balas de mel para cada 6 de limão. Se todas as embalagens têm 25 balas, quantas balas de mel tem cada embalagem?
a 8
b 9
c 10
d 12

RESPOSTAS

1 b   7 b   13 d
2 d   8 c   14 d
3 a   9 a   15 a
4 b   10 b   16 b
5 c   11 b   17 c
6 a   12 c

INTERPRETAÇÃO DOS RESULTADOS

Harmonia Uma diferença de 8 pontos ou menor entre as pontuações de vocês.

Desarmonia Uma diferença de mais de 8 pontos. A diferença de inteligência provoca uma porção de problemas. O parceiro colocado em segundo lugar pode considerar que a diferença afeta negativamente a própria auto-estima ou ficar frustrado quando o parceiro salta etapas no que diz respeito ao pensamento ou às conversas, ou não permite que estas aconteçam. O parceiro com maior agilidade mental também pode sentir-se frustrado e pouco reconhecido. Um pode ficar ressentido com o outro por fazê-lo sentir-se mal. Tudo isso depende, no entanto, de como são aceitas as diferenças de inteligência. Entre muitos casais, isso simplesmente não significa nada em comparação com a coisas mais importantes, como o simples prazer da companhia do outro, a maneira como resolvem os conflitos, se um é sensível às necessidades do outro etc.

Você É Mais Inteligente Que o Seu Parceiro?

Teste 2: Postura em Relação à Inteligência

A menos que haja realmente uma enorme diferença de QI, a inteligência geralmente só conta num relacionamento na medida em que vocês assim o permitem. Use o teste a seguir como um guia rápido para verificar se as suas posturas em relação à inteligência e à intelectualidade podem causar problemas.

Ao responder às afirmações a seguir, diga se você acha que elas são verdadeiras (V) ou falsas (F). Peça ao seu parceiro para fazer o mesmo.

1 Poucas coisas me incomodam mais do que a estupidez.
V   F

2 Fico irritado quando as pessoas usam palavras compridas.
V   F

3 Acho a maioria dos noticiários da televisão tão medíocres que nem tenho vontade de assistir.
V   F

4 Aborreço-me quando tenho de repetir as frases porque a pessoa com quem estou falando é lerda demais para entender.
V   F

5 As pessoas que ironizam os programas de humor na televisão estão sendo esnobes.
V   F

6 As pessoas que trabalham em centrais de telemarketing são umas idiotas.
V   F

7 Quando os meus filhos crescerem, prefiro que sejam ricos em vez de talentosos.
V   F

8 Às vezes não entendo por que o meu parceiro é tão lerdo.
V   F

9 Os documentários sobre ciência não me entediam.
V   F

10 Prefiro que os meus filhos se tornem exemplos de comportamento em vez de celebridades.
V   F

11 As pessoas fazem palavras cruzadas só para impressionar.
V   F

12 Poucas coisas me desagradam mais do que as pessoas que se dão ares de importância só porque cursaram uma faculdade.
V   F

INTERPRETAÇÃO DOS RESULTADOS

PONTUAÇÃO

Conforme vocês devem ter notado, as perguntas se dividem em dois níveis; portanto, usem a tabela de conversão de pontos para calcular a sua pontuação em duas dimensões — impaciência intelectual e hostilidade intelectual. A primeira caracteriza-se pela percepção de que os outros estão sendo irracional ou irritantemente lerdos e de que os padrões intelectuais em geral são muito baixos, com conseqüentes sentimentos de superioridade. A segunda dimensão caracteriza-se por sentimentos de inferioridade e hostilidade a coisas ou pessoas tidas como intelectuais.

Impaciência	Hostilidade
1 T	2 T
3 T	5 T
4 T	7 T
6 T	9 T
8 T	11 T
10 T	12 T

Uma pontuação de 4 ou maior em uma das dimensões é considerada "alta".

Os seus resultados neste teste precisam ser interpretados em paralelo com o resultado do Teste 1. As combinações de resultados a seguir são motivos de preocupação:

VOCÊS SÃO COMPATÍVEIS PSICOLOGICAMENTE?

Resultado do Teste 1	Resultado do Teste 2	Comentários
Desarmonia	Um parceiro obteve pontuação alta no quesito Impaciência	O parceiro "mais inteligente" pode ser crítico e implacável; sendo rápido em fazer suposições negativas e dar respostas, e insensível e desrespeitoso quanto ao parceiro "menos inteligente".
Desarmonia	Um parceiro obteve pontuação alta no quesito Hostilidade	O parceiro "menos inteligente" pode sentir-se menosprezado; é provável que se sinta inseguro e aja na defensiva; pode fazer acusações e provocar brigas.
Harmonia	Um parceiro obteve pontuação alta em Impaciência, o outro obteve alta em Hostilidade	Muito embora ambos os parceiros combinem medianamente quanto à inteligência, eles podem discutir sobre as suas respostas às outras pessoas, com conseqüências para tudo, desde pontos de vista e hábitos de leitura até a escolha dos amigos e como educar os filhos.
Desarmonia	Um parceiro obteve pontuação alta em Impaciência, o outro pontuação alta em Hostilidade	É provável que os parceiros satisfaçam as previsões negativas mútuas e intensifiquem cada vez mais as discordâncias por meio de posturas defensivas e hostilidade mútua. Fica difícil para os parceiros desenvolver empatia um pelo outro e tratar-se com respeito.

O QUE FAZER EM CASO DE DESARMONIA

O maior perigo da incompatibilidade intelectual é que os parceiros parem de se respeitar. Sem respeito, há poucas esperanças de compatibilidade e felicidade duradouras. Manter o respeito é o passo mais importante para superar a incompatibilidade intelectual, mas vocês não podem esperar que isso aconteça simplesmente diante de posturas intelectuais negativas. O que precisam fazer antes de tudo é aprender a enfrentar essas posturas negativas e adaptar-se a elas.

ESQUEMA NEGATIVO

Posturas negativas como a impaciência e a hostilidade indicadas acima são um exemplo do que os psicólogos cognitivos chamam de "esquema negativo". Um esquema negativo é a estrutura mental que filtra as suas percepções, determina o modo como você analisa essas percepções e canaliza as sua respostas em relação a um resultado. A pessoa intelectualmente impaciente tem uma estrutura mental que a faz rotular de idiotas ou tolas as ações que os outros podem considerar naturais ou inofensivas, levando-as a reagir negativamente, com impaciência ou censura, em situações que os outros seriam mais tolerantes ou pacientes.

Mudar um esquema negativo envolve em primeiro lugar tomar consciência de que ele existe e observar quando entra em ação. Daí em diante, você pode aprender a enfrentar as suas percepções negativas e frear os padrões negativos de pensamento. Acima de tudo, a inteligência é responsável apenas por 20 por cento do seu sucesso profissional potencial na vida, e é muito melhor ser emocionalmente intuitivo do que ter um QI elevado se quiser ter amigos e influenciar pessoas.

Qual É o Seu Nível de Inteligência Emocional?

Atualmente, consideramos todos os tipos de inteligência. Sabemos que os violinistas têm dedos "inteligentes" e os dançarinos têm pés "inteligentes" — sempre tendo o cérebro como intermediário. Assim como acontece com os computadores, o cérebro de algumas pessoas está configurado de maneira muito diferente do de outras. No entanto, além das capacidades abstratas de raciocínio, lógica e solução de problemas, existe uma "inteligência social", a capacidade de entender as pessoas e se relacionar com elas.

Nos últimos anos, um componente da inteligência social — a inteligência emocional (IE) — tem ganhado um destaque cada vez maior. A inteligência emocional foi definida como "um tipo de inteligência social que envolve a capacidade de acompanhar as emoções de si próprio e dos outros, fazendo distinções entre elas e usando as informações para guiar o próprio pensamento e as ações". Em outras palavras, trata-se de entender as nossas redes de relacionamento de sentimentos e atuar dentro delas.

Muita atenção tem sido dedicada ao papel da IE na atividade profissional, mas ela é ainda mais importante no campo dos relacionamentos humanos. O seu nível de IE é essencial para determinar até que ponto você conhece a si mesmo, entende o seu parceiro, é capaz

Teste 1: Educação Emocional

Este questionário analisa as suas aptidões em cada uma dessas áreas, de modo que você possa ter uma classificação global da IE para comparar com a do seu parceiro, junto com uma idéia da composição das suas aptidões. Atribua 1 ponto a cada uma das seguintes afirmações, numa escala de 1 a 5, mostrando o quanto você concorda ou discorda, sendo que 1 indica que concorda totalmente, 3 indica que nem concorda nem discorda, e 5 indica que discorda totalmente.

1	2	3	4	5
concorda totalmente				discorda totalmente

1 Ver uma pessoa chorar realmente me entristece.

1	2	3	4	5

2 O sexo oposto é um mistério para mim.

1	2	3	4	5

3 Quando eu namorava, às vezes pensava que a noite estava indo muito bem, só para acabar sendo maltratado no final.

1	2	3	4	5

4 O meu parceiro às vezes chora sem motivo nenhum.

1	2	3	4	5

5 Eu sempre sei quando os meus amigos estão aborrecidos com alguma coisa.

1	2	3	4	5

6 Ele me lança uns olhares que eu não entendo.

1	2	3	4	5

7 Eu costumo interromper o meu parceiro quando ele está falando.

1	2	3	4	5

8 As pessoas raramente "captam" o meu senso de humor.

1	2	3	4	5

9 Eu gostaria que as pessoas dissessem "não" quando elas realmente querem dizer "não".

1	2	3	4	5

10 Os meus amigos sabem que sempre podem conversar comigo sobre seus problemas.

1	2	3	4	5

VOCÊS SÃO COMPATÍVEIS PSICOLOGICAMENTE?

de comunicar as suas necessidades e sentimentos, lida com os conflitos e até que ponto consegue crescer como pessoa e superar posturas e padrões de comportamento negativos.

A IE pode ser subdividida de várias maneiras, mas a principal distinção que poderíamos fazer seria entre "educação emocional" e "sensibilidade emocional", equivalentes de maneira geral à sua capacidade de entender as emoções e de lidar com elas. Não se trata da mesma coisa. Você pode ser muito sensível a nuanças emocionais, mas isso não significa que seja capaz de controlar o modo como reage. Do mesmo modo, as pessoas podem ter uma boa capacidade de lidar com os problemas das outras pessoas, mas também carecer da consciência de si mesmas.

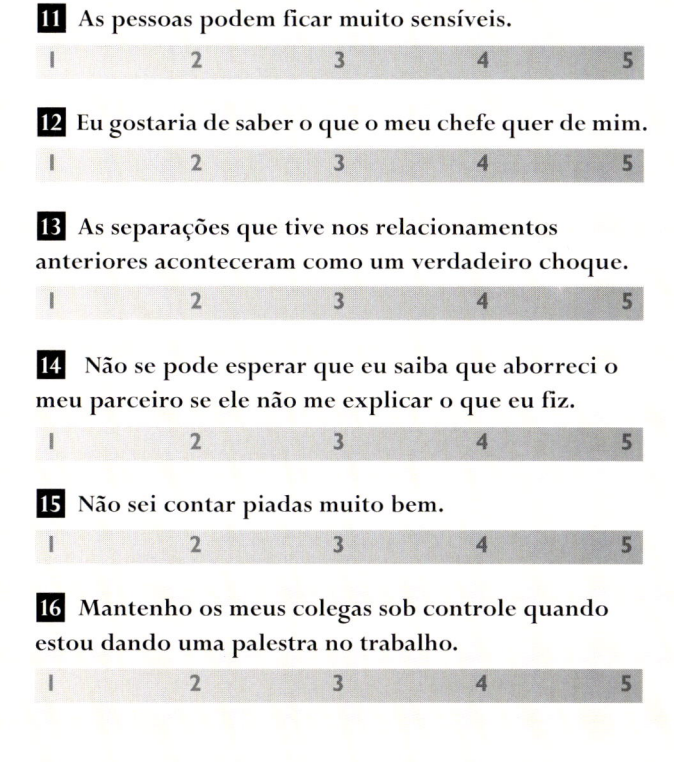

11 As pessoas podem ficar muito sensíveis.

| 1 | 2 | 3 | 4 | 5 |

12 Eu gostaria de saber o que o meu chefe quer de mim.

| 1 | 2 | 3 | 4 | 5 |

13 As separações que tive nos relacionamentos anteriores aconteceram como um verdadeiro choque.

| 1 | 2 | 3 | 4 | 5 |

14 Não se pode esperar que eu saiba que aborreci o meu parceiro se ele não me explicar o que eu fiz.

| 1 | 2 | 3 | 4 | 5 |

15 Não sei contar piadas muito bem.

| 1 | 2 | 3 | 4 | 5 |

16 Mantenho os meus colegas sob controle quando estou dando uma palestra no trabalho.

| 1 | 2 | 3 | 4 | 5 |

PONTUAÇÃO

O sistema de pontuação para este teste parece um pouco complicado mas não desista. Para as afirmações 1, 5, 10 e 16, inverta os seus pontos subtraindo a classificação que você deu de 6 (por exemplo, se você marcou 1 para a pergunta 1, subtraia esse valor de 6, o que o deixa com 5 pontos). Faça isso para cada uma das afirmações mencionadas. Depois, some esses pontos resultantes ao total dos pontos obtidos nas outras perguntas e obtenha o total final.

Qual É o Seu Nível de Inteligência Emocional?

Teste 2: Reação Emocional

Use o mesmo sistema do Teste 1 para classificar as afirmações a seguir.

1 O que eu digo é menos importante do que a maneira como eu digo.

| 1 | 2 | 3 | 4 | 5 |

2 Eu me descontrolo quando sou provocado.

| 1 | 2 | 3 | 4 | 5 |

3 Se alguém no trabalho está aborrecido, acho melhor não provocá-lo.

| 1 | 2 | 3 | 4 | 5 |

4 As pessoas me pedem conselhos, mas depois se aborrecem quando eu os dou.

| 1 | 2 | 3 | 4 | 5 |

5 Às vezes, faço o meu parceiro chorar ou ficar com muita raiva.

| 1 | 2 | 3 | 4 | 5 |

6 Acho difícil discutir determinados assuntos com o meu parceiro.

| 1 | 2 | 3 | 4 | 5 |

7 O meu parceiro sabe como eu me sinto a respeito dele sem que eu precise me manifestar.

| 1 | 2 | 3 | 4 | 5 |

8 Se sou tapeado por um namorado, eu o esqueço completamente.

| 1 | 2 | 3 | 4 | 5 |

9 Elogios demais tornam as pessoas convencidas.

| 1 | 2 | 3 | 4 | 5 |

10 Se pedir um aumento, acho que devo obter (considerando que mereço).

| 1 | 2 | 3 | 4 | 5 |

11 Quando se trata de relacionamentos, as ações falam mais alto que as palavras.

| 1 | 2 | 3 | 4 | 5 |

12 Se você está infeliz com alguma coisa no seu relacionamento, deve discutir o assunto na primeira oportunidade.

| 1 | 2 | 3 | 4 | 5 |

13 Depois de uma discussão, é melhor ter um período para esfriar por alguns dias antes de voltar ao assunto.

| 1 | 2 | 3 | 4 | 5 |

14 Tenho problemas para motivar uma equipe que esteja trabalhando comigo ou sob as minhas ordens.

| 1 | 2 | 3 | 4 | 5 |

15 Depois de um dia difícil, eu não deveria ter de enfrentar queixas do meu parceiro sobre questões menores.

| 1 | 2 | 3 | 4 | 5 |

16 Fico realmente com raiva de mim mesmo quando cometo algum erro.

| 1 | 2 | 3 | 4 | 5 |

PONTUAÇÃO

Para a afirmação 1 você precisa inverter a sua pontuação subtraindo o que obteve de 6. Depois disso, acrescente a pontuação obtida ao seus pontos em todas as outras perguntas para obter o total final.

VOCÊS SÃO COMPATÍVEIS PSICOLOGICAMENTE?

INTERPRETAÇÃO DOS RESULTADOS

Some os seus pontos de ambos os testes para obter a classificação global quanto à IE; depois faça o mesmo para o seu parceiro.

30-70 Baixa **71-110** Média **111-150** Alta

A primeira coisa a considerar é a sua classificação pessoal quanto à IE. Na maioria dos testes deste livro, a sua pontuação pessoal é menos importante do que a relação entre a sua pontuação e a do seu parceiro. No caso da IE, no entanto, uma pontuação elevada geralmente aumenta a sua classificação de compatibilidade qualquer que seja a pontuação do seu parceiro, porque ela indica que você será mais capaz de superar os desafios emocionais de um relacionamento duradouro. As pessoas que têm baixa pontuação nos testes de IE geralmente são menos capazes de evitar e/ou resolver conflitos.

COMO VOCÊS SE SAÍRAM?

Ambos com pontuação alta Isso significa um verdadeiro impulso na sua compatibilidade a longo prazo. Os seus pontos sugerem que vocês dois são capazes de entender o humor um do outro e reagir bem a ele, e também que vocês são capazes de expressar os seus sentimentos sem perder o controle. Decisivamente, as suas oportunidades de resolver conflitos futuros são boas porque vocês dois serão capazes de entender os sentimentos um do outro e lidar com o problema com mais sensibilidade.

Ambos com pontuação baixa Isso não é necessariamente um golpe na sua compatibilidade. Se nenhum de vocês é muito emotivo, presumivelmente nenhum se importará muito se o outro parecer distante ou indiferente: o seu comportamento pode combinar muito bem mesmo se os seus sentimentos permanecerem um mistério para ambos. Porém, se um ou ambos obtiver uma pontuação baixa na educação emocional, pode significar que não podem sentir uma tempestade se formando até que seja muito tarde e o relacionamento já tenha sofrido um dano irreparável.

Ambos com pontuação média Este é, provavelmente, o caso do relacionamento médio, mas infelizmente as estatísticas mostram que o relacionamento médio está longe de ser perfeito. Uma vez mais, muita coisa depende dos setores pessoais de pontos fortes e fracos. O padrão estereotipado é o de que os homens são de Marte (baixa IE, especialmente em termos de educação emocional) e as mulheres são de Vênus (educação emocional elevada, mas talvez não tão boa resposta emocional), mas há muitas permutações diferentes, todas elas com o potencial de levar a mal-entendidos e desavenças.

Um parceiro com pontuação alta e o outro com pontuação baixa Nesta circunstância, um parceiro normalmente dificulta o relacionamento por ficar fechado ou irritadiço, mas o outro pode compensar a situação com mais sensibilidade e atenção. O perigo é que o parceiro com baixa IE acabe se sentindo "controlado".

Um parceiro com pontuação média e o outro com pontuação baixa Esta é a situação mais problemática, porque um parceiro é sensível o bastante para se magoar, mas talvez não tão perspicaz emocionalmente para controlar a situação, ao passo que o outro sequer pode ter consciência dos problemas causados.

O QUE FAZER EM CASO DE DESARMONIA

Vocês podem não ser capazes de mudar a IE, mas podem aprender a contornar uma classificação baixa. As pessoas com educação emocional ruim acham difícil perceber, entender e usar sinais emocionais, como os sinais que mostram que um parceiro está aborrecido. Um modo de melhorar a situação é usar mecanismos que tornem esses sinais implícitos ou sutis mais óbvios e explícitos. Aqui estão dois exercícios que você pode usar para melhorar o seu desempenho:

- O dono das chaves: um dos parceiros fica com um molho de chaves, um sinal de que apenas ele pode falar e que o outro não pode interromper. Somente quando as chaves são passadas adiante é que o outro pode se manifestar.
- A cadeira: os parceiros demonstram visualmente o seu humor tendo como referência uma cadeira. Se um parceiro está falando e o outro se afasta da cadeira, o que fala sabe que está aborrecendo.

As pessoas com baixa sensibilidade emocional têm dificuldade de controlar e expressar as suas emoções. Uma maneira de melhorar isso é cultivar bons hábitos emocionais, de uma maneira que comecem a se tornar automáticos. Por exemplo, faça questão de dizer ao seu parceiro que você gosta dele um determinado número de vezes por semana; torne uma rotina contar até dez antes de responder quando vocês têm uma discussão; faça um esforço para se lembrar de ocasiões especiais.

Vocês Têm a Mesma Capacidade Criativa?

Em termos gerais, a criatividade se relaciona a quanto você é inventivo e engenhoso, mas essa é uma característica difícil de ser detectada. A primeira coisa que normalmente se associa à criatividade é se a pessoa tem um dom artístico ou musical; assim, a primeira parte deste teste abrange as maneiras pelas quais vocês expressam a sua criatividade. No entanto, a criatividade vai além de desenhar, cantar ou escrever, e o segundo teste volta-se para a sua criatividade intelectual — se vocês têm ou não um raciocínio criativo e uma postura criativa em relação à vida. (Lembrem-se, a criatividade faz parte da dimensão de abertura discutida em Vocês Estão Abertos a Novas Experiências?, p. 56-7.)

Teste 1: Impulsos Artísticos

A cada uma das seguintes atividades normalmente associadas à criatividade, dê uma classificação para o seu nível de interesse e outra para o seu nível de atividade real nesse campo. A escala é de 1 a 5, na qual 5 é o valor máximo e 1 indica pouco ou nenhum interesse. Multiplique o seu Índice de Interesse pelo seu Índice de Atividade para obter a pontuação global, o seu Índice de Impulsos Artísticos (Índice de IA). Trata-se de atividades criativas que você gosta de praticar — cantar, em vez de ouvir música; escrever, em vez de ler.

1	2	3	4	5
Nenhum interesse/atividade			Máximo interesse/atividade	

INTERPRETAÇÃO DOS RESULTADOS

Calcule a soma dos seus índices de IA para encontrar o seu índice global de atividades criativas (IG) e, depois, compare-o com o do seu parceiro — a diferença é muito grande?

Uma diferença no seu IG de mais de 40 pontos é considerada incompatibilidade criativa, sugerindo que um de vocês tem inclinação artística enquanto o outro tem pouco interesse em atividades criativas. Uma diferença de mais de 70 pontos sugere um problema de verdade, uma vez que pode ocorrer um choque de prioridades sobre qual parte da vida cada um de vocês dedica às atividades criativas, considerando ainda a diferença de perspectivas e atitudes sugerida pela sua diferença de interesses.

Atividade criativa	Índice de Interesse	Índice de Atividade	Índice de IA
Arte (pintura, desenho e fotografia)			
Música (tocar um instrumento, cantar, participar de uma banda)			
Redação (manter um diário, contar histórias para crianças, escrever poesia, letras de músicas)			
Decoração (tanto de interiores quanto de exteriores)			
Artesanato e criação (marcenaria, fabricação de móveis, entalhamento, corte e costura, crochê, tricô, modelismo de roupas, arranjo de flores)			
Paisagismo e jardins (a horticultura com finalidade artística/visual/expressiva)			
Artes corporais (maquiagem, unhas, cabelo, tatuagem, piercing)			
Índice Global de Atividades Criativas (IG)			

VOCÊS SÃO COMPATÍVEIS PSICOLOGICAMENTE

Teste 2: Raciocínio Criativo

Responda ao questionário a seguir e marque os seus pontos; em seguida, peça ao seu parceiro para fazer o mesmo.

1 Quando você olha para um aposento vazio, com o piso cru e as paredes descascadas até o reboco, o que você vê?
a *Um aposento vazio com o piso cru e as paredes descascadas até o reboco.*
b *Uma oportunidade para redecorá-lo.*
c *O aposento dos seus sonhos, com todas as cores, tecidos e móveis com que sempre sonhou.*

2 O seu filho pergunta se vai chover. Você não sabe a resposta. O que você diz?
a *Que não sabe a resposta.*
b *Que o tempo muda de acordo com o deslocamento das massas de ar quente e frio, e que vocês poderão verificar juntos ao chegar em casa.*
c *Que o mau tempo é criado por dragões gigantes quando estão grisados, que produzem as nuvens e a chuva quando espirram e tossem.*

3 Está chegando o dia de um aniversário importante para o seu parceiro e você quer fazer alguma coisa para marcar a ocasião mas não tem muito dinheiro. O que você faz?
a *Propõe que saiam juntos para um jantar delicioso, só vocês dois.*
b *Prepara um jantar temático.*
c *Produz uma reportagem fotográfica/em vídeo da infância dele, com comentários em áudio gravados por amigos e familiares.*

4 O seu parceiro deixa a seu critério organizar as férias deste ano, e a única observação que faz é para evitar "a mesma coisa de sempre no mesmo velho lugar". O que você organiza?
a *A mesma coisa de sempre num lugar diferente.*
b *Um tipo diferente de férias no seu destino preferido (como caminhadas pelas montanhas da Bahia em vez de ir à praia na Bahia).*
c *Algo inteiramente novo para vocês dois.*

5 Você costuma rabiscar ou desenhar ao acaso?
a *De maneira nenhuma — isso é um desperdício de tempo, de tinta e de papel.*
b *Sim: espirais, formas, flores, linhas ou palavras.*
c *Sim: figuras, retratos, cartuns ou caricaturas.*

6 Você precisa fazer um serviço de emergência para desentupir o ralo, mas não tem um desentupidor. O que seria mais provável que você fizesse?
a *Espera até conseguir comprar um desentupidor.*
b *Tenta desentupir o ralo de outra maneira.*
c *Cria um desentupidor improvisado, usando metade de uma bola de tênis e um cabo de vassoura.*

INTERPRETAÇÃO DOS RESULTADOS

Marque 1 ponto para cada resposta a; 2 para cada b; e 3 para cada c. Em que medida os resultados de vocês dois são parecidos? Uma diferença de 8 pontos ou mais sugere que você e o seu parceiro têm uma visão muito diferente da vida. Uma pontuação baixa indica que vocês são diretos, francos e com os pés no chão; uma pontuação elevada indica que vocês são sonhadores, cheios de imaginação e criatividade.

O QUE FAZER EM CASO DE DESARMONIA

- Considerem os aspectos positivos. Áreas de interesse diferentes dão mais espaço aos parceiros e permitem que tragam novidades ao relacionamento, fortalecendo-o.
- Concentrem-se no que há de comum entre vocês e não nas diferenças. Se vocês acham que falta um interesse comum no seu relacionamento, criem algum! Pratiquem algo em comum que satisfaça a ambos os estilos.
- Quando observarem as suas diferenças, perguntem-se quais são os "entraves" — as diferenças com que vocês não conseguem conviver e que ameaçam o relacionamento. Esses são os problemas sobre os quais vocês devem se sentar para conversar.

Vocês Têm Bom Humor?

O senso de humor é, provavelmente, o requisito mais comum quando se trata de procurar um novo parceiro, uma prova positiva da importância do bom humor entre os corações solitários em busca da alma gêmea. O humor melhora os relacionamentos — da maneira mais óbvia ele ajuda os parceiros a apreciar melhor a companhia um do outro. Também alivia a tensão, areja os humores carregados e dilui as situações tensas. Você e o seu parceiro costumam contar piadas, ou apenas um de vocês se arrisca a fazer gracejos e trocadilhos?

Conforme a própria Bíblia nos lembra, "O coração alegre serve de bom remédio" (Provérbios, 17.22). Ficou provado que rir, sorrir e ter bom humor em geral alivia a tensão e afeta diretamente os hormônios, os neurotransmissores e o sistema imunológico do corpo. Por exemplo, uma boa risada provoca a produção de endorfinas, as substâncias químicas naturais responsáveis pelo bom humor produzidas pelo cérebro. Isso significa que compartilhar o bom humor e uma risada com o seu parceiro pode aumentar o seu bem-estar. Ter alguém que ache você engraçado também é bom para a sua auto-estima.

Talvez o papel mais fundamental do bom humor nos relacionamentos estáveis seja a capacidade de superar as crises. As pesquisas demonstram que as pessoas que enfrentam as situações difíceis com bom humor se saem muito melhor, com menos níveis de tensão e depressão, do que as pessoas que não têm senso de humor. Numa situação envolvendo o relacionamento, os parceiros que são capazes de manter o senso de humor passam pelos desentendimentos e dificuldades em muito melhor forma do que os que não o fazem. No entanto, um casal deve ter um senso de humor semelhante, ou as brincadeiras poderão acabar mal.

O Questionário

Respondam às perguntas a seguir para encontrar a classificação de compatibilidade quanto ao senso de humor de cada um.

1 Escreva o nome de três dos seus programas de humor favoritos e atribua-lhes uma "classificação de humor" até 5. Peça ao seu parceiro para dar a classificação dele aos mesmos programas que você escolheu. Some as diferenças entre as classificações dos programas. Como os seus pontos se comparam?
a   *Diferença total de 2 ou menos: marcar 1 ponto.*
b   *Diferença total entre 3 e 5: marcar 2 pontos.*
c   *Diferença total de 6 ou mais: marcar 3 pontos.*

2 Usem a escala a seguir para classificar com que freqüência as situações a seguir acontecem — 1: Muito raramente, se é que acontecem; 2: Às vezes; 3: Com freqüência — e depois somem as respostas de ambos.
a   *Você faz uma graça mas o seu parceiro entende mal.*
b   *Você considera os gracejos ou comentários espirituosos do seu parceiro como cruéis ou grosseiros.*
c   *O seu parceiro não percebe quando você está gracejando.*
d   *O seu parceiro usa o humor para provocar você ou fazer você de tolo.*

3 Compare o comportamento do seu parceiro quando vocês estão com os amigos ao comportamento dele quando estão sozinhos. Ele parece rir:
a   *Mais quando vocês estão com os amigos: marque 1 ponto.*
b   *Tanto quando vocês estão sós como quando estão com os amigos: marque 2 pontos.*
c   *Mais com os amigos do que com você: marque 3 pontos.*

4 O que você acha dos amigos do seu parceiro?
a   *Eles são um pouco insensíveis/rígidos/sérios: marque 3 pontos.*
b   *Eles são divertidos/agradáveis como companhia: marque 1 ponto.*
c   *Eles são um pouco tediosos/exagerados/não tão divertidos quanto pensam que são: marque 3 pontos.*

5 Piadas sujas — o seu parceiro as considera:
a   *Tão engraçadas quanto você considera: marque 1 ponto.*
b   *Menos aceitáveis do que você considera: marque 3 pontos.*
c   *Mais aceitáveis do que você considera: marque 3 pontos.*

VOCÊS SÃO COMPATÍVEIS PSICOLOGICAMENTE?

INTERPRETAÇÃO DOS RESULTADOS

Qual foi a sua pontuação? Some os seus pontos para obter a sua classificação de compatibilidade quanto ao senso de humor. Peça ao seu parceiro para fazer a mesma coisa.

8-13 Vocês riem um com o outro (altamente compatíveis).

14-19 Vocês quase sempre riem um com o outro (compatibilidade intermediária).

20-24 Vocês riem um do outro (incompatibilidade de humor). A incompatibilidade no senso de humor pode revelar o lado sombrio da inteligência. O que um parceiro pensa que seja engraçado o outro pode considerar amargo e sarcástico; e esse parceiro, por sua vez, pode ser considerado obtuso e insensível.

O QUE FAZER EM CASO DE DESARMONIA

A incompatibilidade quanto ao senso de humor geralmente significa que os parceiros precisam se esforçar mais do que os casais médios para evitar mal-entendidos. Ambos os parceiros podem desenvolver o hábito de fazer uma pausa e pensar antes de dar uma resposta atravessada — seja para evitar fazer gracejos que possam ser mal-interpretados, seja para evitar interpretá-los mal. Você pode compensar os estragos causados pelo humor que foi mal entendido "telegrafando" gracejos (por exemplo, introduza um comentário potencialmente sarcástico dizendo: "A título de gracejo..." ou, melhor ainda, não diga nada que precise de uma explicação dessas) e certificando-se de que na maioria das vezes expressa comentários positivos sobre o seu parceiro.

Vocês Ficam Entediados Um com o Outro?

De acordo com décadas de pesquisas, a "busca de emoções" (da qual a tolerância ao tédio é um aspecto) é um traço fundamental e central da personalidade humana. Pesquisas mais recentes sugerem que a busca de emoções é uma dimensão da personalidade que se posiciona ao lado das cinco grandes, e parece demonstrar que a busca de emoções tem um forte componente genético que permanece mais ou menos fixo ao longo da vida. Isso significa que é uma boa idéia encontrar um parceiro cujas tendências de busca de emoções combinam com as suas, uma vez que não é algo que você possa alterar para "se adequar" ao seu parceiro.

Alguns componentes diferentes, mas relacionados, da personalidade do tipo "busca de emoções" podem ser identificadas. Eles incluem um gosto por atividades excitantes, como os esportes perigosos; um gosto por novas experiências, tais como explorar lugares desconhecidos ou encontrar pessoas excêntricas; um baixo limiar de tédio, que afeta o quão facilmente a pessoa se cansa das coisas e o nível de inatividade que pode tolerar; e um baixo nível de inibição, que afeta o comportamento dela em situações sociais e suas atitudes frente às normas e censuras da sociedade (incluindo as leis). As perguntas abaixo exploram essas quatro áreas.

O Teste

A cada par de afirmações abaixo, escolha aquela que explica melhor as suas preferências. Peça ao seu parceiro para fazer o mesmo.

1
a Quando vou comer fora, gosto de experimentar algo novo cada vez.
b Quando vou comer fora, gosto de escolher os mesmos pratos que conheço e de que gosto.

2
a Gosto ou gostaria de ver como é praticar o bungee jumping.
b Acho que quem pula de uma ponte só pode estar louco.

3
a Não há nada pior do que uma pessoa entediante.
b Não há nada pior do que uma pessoa grosseira.

4
a Se o dinheiro não fosse problema, eu iria praticar rafting na Amazônia.
b Se o dinheiro não fosse problema, eu me hospedaria no hotel mais caro da Riviera Francesa.

5
a Eu não me canso de ver o meu filme favorito várias vezes.
b Não consigo ver um filme mais de uma vez.

6
a Não há nada de errado em voltar cantando para casa depois de uma noitada fora.
b Não gosto de me embriagar.

7
a Gosto de dirigir em alta velocidade quando é possível.
b Se eu dirigisse um carro de corridas num autódromo acho que não tentaria chegar à velocidade máxima.

8
a Não há nada de errado em dormir com várias pessoas quando se é jovem.
b As pessoas que têm muitos parceiros sexuais correm o risco de contrair doenças sexualmente transmissíveis.

9
a Quando estou de férias, tudo o que quero é ficar tomando sol numa praia ou à beira da piscina.
b Fico louco se passar uma tarde inteira sentado sem fazer nada.

10
a Adoro fins de semana em que não tenho nada para fazer e posso ficar em casa lendo os jornais.
b Os fins de semana me permitem pôr a cultura em dia, o que não tenho tempo de fazer durante a semana.

11
a Não gosto de nadar em águas profundas — nunca se sabe o que pode estar nadando embaixo da gente.
b Adoro mergulhar no meio de tubarões.

VOCÊS SÃO COMPATÍVEIS PSICOLOGICAMENTE

INTERPRETAÇÃO DOS RESULTADOS

Marque 1 ponto para cada uma das seguintes respostas: 1: a; 2: a; 3: a; 4: a; 5: b; 6: a; 7: a; 8: a; 9: b; 10: b; 11: b. Compare a sua pontuação com a do seu parceiro. A diferença será a sua classificação de compatibilidade do limiar do tédio.

0-3 Harmonia Você e o seu parceiro procuram níveis semelhantes de excitação na vida e têm a mesma capacidade para tolerar o tédio.

4-11 Desarmonia Você e o seu parceiro podem ter um problema. Um de vocês pensa que o outro é voluntarioso e empolgado, enquanto o outro pensa que o parceiro é uma pessoa tediosa que só quer ficar em casa. Isso pode influenciar a sua vida das mais variadas maneiras, desde algo relativamente trivial, como decidir aonde ir numa folga, até algo mais importante, como as suas posturas em relação ao sexo ou como controlar as finanças da família. Até mesmo as mínimas coisas podem ter grandes conseqüências — problemas como o que ver na televisão, ou se devem ficar em casa antes de mais nada, são o que constitui o sal e o tempero de um relacionamento. Os desacordos constantes podem levar você a começar a pensar que vocês não são, bem, compatíveis.

O QUE FAZER EM CASO DE DESARMONIA

As pesquisas sugerem que vocês não vão mudar o apetite de cada um por aventura e estímulos. Uma solução é reconhecer que cada parceiro tem necessidades diferentes e, assim, deixar a cada um espaço para as suas atividades/inatividade, mas vocês precisarão se assegurar de que a outra metade não fique magoada ou rejeitada por se sentir deixada de lado.

O compromisso pode ser difícil de alcançar (não se pode fazer meio bungee jump!), mas vocês podem tentar alternar os fins de semana de modo que num fim de semana você define o que vão fazer juntos, e no seguinte é o seu parceiro quem decide — e o fim de semana subseqüente fica dependendo de negociação.

Qual É o Seu Quociente de Felicidade?

Uma das áreas da psicologia de crescimento mais rápido atualmente é o movimento da psicologia positiva, iniciado pelo chamado "profeta do bem-estar", o dr. Martin Seligman, da University of Pennsylvania. Esse campo da psicologia trata do que torna as pessoas felizes e de como a vida pode ser mais satisfatória. Entre as descobertas da psicologia positiva está a de que a felicidade, embora possa ser afetada pelos acontecimentos a curto prazo, é uma característica da personalidade parecida com a receptividade ou a busca de emoções.

Você tem um nível pessoal estabelecido para a satisfação na vida que é determinado pelos seus genes e pela sua experiência de vida. Curiosamente, até certo ponto, as pesquisas na área da psicologia positiva sugerem que o primeiro é mais importante do que o segundo. Embora o seu humor possa flutuar em torno desse nível ideal, o nível básico não se altera com facilidade. Isso significa que a felicidade afeta tanto o seu nível estabelecido quanto outras dimensões da personalidade. Se você estabeleceu um nível alto para a felicidade mas o seu parceiro não, você pode considerá-lo sofredor — o seu parceiro, por outro lado, pode sentir que você tem uma visão irreal da vida. De maneira mais geral, a maioria das pessoas preferiria um parceiro que não tivesse um temperamento sofredor; portanto, este é um teste em que os pontos individuais contam tanto quanto os pontos relativos.

VOCÊS SÃO COMPATÍVEIS PSICOLOGICAMENTE?

O Questionário

Um dos instrumentos mais simples para medir a felicidade é o Indicador do Bem-estar Pessoal (IBP), desenvolvido pelo professor Bob Cummins, da Deakin University, da Austrália. É preciso dar uma classificação em relação a cada uma das sete perguntas a seguir, usando a escala abaixo:

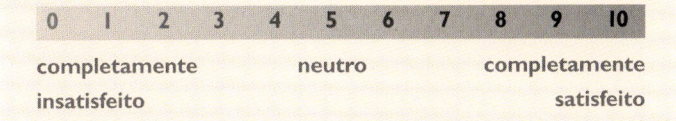

0 1 2 3 4 5 6 7 8 9 10

completamente insatisfeito — neutro — completamente satisfeito

Até que ponto você está satisfeito em relação...

1 ao seu padrão de vida?
0 1 2 3 4 5 6 7 8 9 10

2 à sua saúde?
0 1 2 3 4 5 6 7 8 9 10

3 às suas realizações na vida?
0 1 2 3 4 5 6 7 8 9 10

4 aos seus relacionamentos pessoais?
0 1 2 3 4 5 6 7 8 9 10

5 à sua segurança?
0 1 2 3 4 5 6 7 8 9 10

6 a sentir-se aceito como parte da sua comunidade?
0 1 2 3 4 5 6 7 8 9 10

7 aos seus sentimentos sobre a segurança futura?
0 1 2 3 4 5 6 7 8 9 10

INTERPRETAÇÃO DOS RESULTADOS

Some os seus pontos para obter o seu Indicador do Bem-estar Pessoal. Peça ao seu parceiro para fazer o mesmo.

O seu IBP é afetado pelos acontecimentos recentes; portanto, se algo especialmente bom ou mau aconteceu com você recentemente, a sua pontuação poderá não representar adequadamente a sua pontuação de IBP básico. Para controlar as flutuações a curto prazo, repita o teste algumas semanas depois e calcule a média dos seus pontos.

Uma pontuação normal do IBP situa-se entre 60-70. A pontuação média situa-se entre 35-59. (A pontuação até 35 está na faixa normal.) Uma pontuação de 34 ou menor indica uma pessoa infeliz. Se não houver uma causa externa para a infelicidade então provavelmente isso se deve a uma questão de temperamento. Uma diferença entre as pontuações de vocês dois acima de 17 está acima da média e pode indicar uma desarmonia quanto à felicidade.

O QUE FAZER EM CASO DE DESARMONIA

Se você e o seu parceiro parecem ter níveis diferentes de jovialidade pode haver um motivo para isso. Compare as observações sobre o teste a seguir, que considera o seu histórico de vida e os acontecimentos mais importantes, o qual pode revelar as causas da infelicidade duradoura. Aí pode estar a explicação para as suas diferenças. Incrementar o seu nível estabelecido de felicidade pessoal pode ser mais difícil, mas o dr. Seligman, que cunhou a expressão "psicologia positiva", diz que se você identificar os seus pontos fortes pessoais e procurar melhorá-los, poderá encontrar mais significado na sua vida e se tornar mais feliz.

Vocês Compartilham Eventos Pessoais Semelhantes?

O seu histórico de vida é a soma dos eventos que aconteceram ao longo de toda a sua vida, e esses acontecimentos afetam a sua psicologia como um todo, incluindo o seu atual estado mental, a sua capacidade de resolver problemas e a sua perspectiva de vida a longo prazo. Por isso, ele exerce uma influência importante sobre a sua compatibilidade. Se você e o seu parceiro compartilham históricos de vida semelhantes em termos de acontecimentos mais importantes da vida, os perfis de vocês provavelmente combinam e vocês têm experiências de vida equivalentes, com todas as suas implicações.

O teste a seguir é uma versão modificada de outro teste desenvolvido pelos psicólogos Holmes e Rahe, em 1967. Eles criaram uma tabela em que eram atribuídos valores em pontos para os diferentes eventos da vida, representando o impacto causado por cada um deles — os eventos variavam desde a perda de um filho ou da esposa, no alto da tabela, até mudanças secundárias nos hábitos de dormir, na base da tabela. O objetivo deles era quantificar os eventos da vida usando um sistema que fosse capaz de dizer que mudar de casa (27 pontos) + divorciar-se (73 pontos) = morte do cônjuge (100 pontos). O método seria útil se precisássemos de valores para analisar algo a que não se tivesse atribuído um julgamento de valor, como o nível de stress. Para os nossos propósitos, no entanto, precisamos de um sistema que analise os eventos da vida em base qualitativa, admitindo que as diferentes experiências de vida são qualitativamente diferentes — ou seja, apenas alguém que perdeu um membro da família é capaz de entender o que isso significa para outra pessoa na mesma situação. Portanto, na minha versão da tabela, os eventos da vida são dispostos em categorias, em vez de associados a pontos. Este pode não ser um sistema perfeito, mas oferece um meio aproximado de tornar os históricos de vida comparáveis de uma maneira simples.

VOCÊS SÃO COMPATÍVEIS PSICOLOGICAMENTE?

O Teste

Esta tabela relaciona os eventos mais importantes da vida e os classifica em categorias. Você pode acrescentar mais eventos — mas não mais categorias.

Categoria A	Categoria B	Categoria C	Categoria D
Morte de um filho	Divórcio	Lesão grave	Perda do emprego
Morte do cônjuge	Perda de um parente próximo/pai ou mãe, depois dos 16 anos	Vítima de assalto	Infidelidade da sua parte
Perda de um dos pais antes dos 16 anos		Doença crônica ou congênita	Acidente grave (mas sem lesão grave)
Vítima de abuso sexual ou estupro	Prisão	Falência	Problema com a lei
	Ameaça de morte ou condição, doença ou lesão gravemente debilitantes	Perda da casa por acidente ou despejo	Disfunção sexual
		Morte de amigo próximo	Problemas financeiros
	Alcoolismo ou outro tipo de dependência	Separação	Financiamento a longo prazo
		Infidelidade conjugal	Vítima de crime (como invasão de domicílio)
			Viagem pelo mundo
			Educação superior

INTERPRETAÇÃO DOS RESULTADOS

Em cada categoria, compare quantas "marcas" você obteve em relação às do seu parceiro. Históricos de vida coincidentes podem ser uma grande vantagem para aumentar a probabilidade de vocês serem compatíveis no relacionamento, especialmente se compartilham eventos importantes das categorias A ou B. Se passaram por algo semelhante, isso pode ter-se revelado uma barreira aos relacionamentos anteriores. Mas a harmonia nas categorias A ou B pode realmente aumentar a sua compatibilidade, porque vocês compartilham a capacidade de enfrentar situações difíceis.

Possibilidades de desarmonia:
Categoria A Aplicada a um parceiro apenas.
Categoria B Aplicada a um parceiro apenas ou uma diferença de 2 "marcas" ou mais
Categoria C Uma diferença de 2 "marcas" ou mais.
Categoria D Uma diferença de 4 "marcas" ou mais.

O QUE FAZER EM CASO DE DESARMONIA

Históricos de vida conflitantes podem erguer uma barreira entre os parceiros mais devotados e/ou bem harmonizados se as condições fossem diferentes, porque um parceiro tem uma experiência de vida que o outro não é capaz de entender, por mais que tente. Em conseqüência há uma grande possibilidade de os parceiros sentirem-se excluídos mutuamente e de uma verdadeira incapacidade de entender as motivações, medos, necessidades e sentimentos um do outro. A superação dessas barreiras requer um grande empenho emocional, confiança e sensibilidade de ambos os lados. Um bom começo é cada parceiro reconhecer as experiências do outro.

O Que Revela o Seu Lugar na Ordem de Nascimento?

As suas vivências na infância têm uma influência muito importante na maneira como vocês encaram a vida no momento atual, incluindo a maneira como encaram os relacionamentos e as suas possibilidades de se dar bem com um parceiro. Uma indicação fundamental de compatibilidade é se vocês compartilham ou não um dos aspectos mais fundamentais da infância: qual a sua ordem de nascimento na família.

A influência mais importante na sua infância foi a sua família, e o seu lugar na família foi determinado pela sua ordem de nascimento — se você é o primogênito, um dos filhos do meio, o caçula ou filho único, e se você era a única menina em meio a vários irmãos homens ou o único menino em meio a uma porção de irmãs.

A importância da ordem de nascimento no ambiente familiar e, portanto, a maneira como a personalidade se desenvolve foi definida pela primeira vez pelo psicanalista austríaco Alfred Adler. Ele percebeu que o filho primogênito desenvolve um relacionamento especial com os pais, e que a chegada de filhos subseqüentes muda esse relacionamento e cria um novo estilo de relação entre os irmãos. O seu lugar na ordem de nascimento, e conseqüentemente como você se relaciona com os seus irmãos, muitas vezes pode influenciar o seu estilo de relação emocional pelo resto da vida.

Avaliação da Ordem de Nascimento

Veja se a sua personalidade combina com as descrições a seguir e peça para o seu parceiro fazer o mesmo. Se a ordem de nascimento de vocês não combinar, perguntem-se se a influência do seu lugar na família lhes conferiu as características que complementam ou antagonizam o comportamento de vocês um com o outro.

PRIMOGÊNITO
Você tende a ser sério, responsável, perfeccionista e ter metas ambiciosas. Como o filho mais velho, você geralmente carrega o peso das expectativas dos seus pais. Eles esperam que você se comporte melhor do que os outros filhos e tenha mais responsabilidade sobre os ombros. Na vida adulta, você pode sofrer por assumir tantas responsabilidades, sendo excessivamente cauteloso e às vezes deixando de levar em conta as suas próprias necessidades.

FILHO DO MEIO
Você tende a combinar características às vezes contraditórias — é um mediador que não gosta de conflitos, é independente, mas ao mesmo tempo ferozmente leal aos seus amigos. Pode ser tanto tolerante quanto impaciente. Em geral, os filhos do meio se sentem menosprezados ou abandonados. Na vida adulta, você pode ser bom em negociações e conciliações, mas também carecer de assertividade ou amargar a sensação de que não recebe a atenção devida.

CAÇULA
Você tende a ser charmoso, afetuoso e expansivo, mas pode ser manipulador, mimado, impaciente e caprichoso! Como o bebezinho da família, o filho caçula pode ser protegido mas também sentir-se enfraquecido, impotente. Na vida adulta, você pode fugir das responsabilidades e esperar facilidades, e muito provavelmente terá um estilo de vida "irregular".

VOCÊS SÃO COMPATÍVEIS PSICOLOGICAMENTE?

INTERPRETAÇÃO DOS RESULTADOS

Harmonia Se você e o seu parceiro compartilham o mesmo lugar nas suas respectivas ordens de nascimento, então de imediato vocês têm uma enorme influência comum da infância. Apenas alguém com a mesma ordem de nascimento pode entender adequadamente as circunstâncias e tensões a que vocês foram expostos durante o período de crescimento.

Desarmonia Nesta situação, poderá haver coisas sobre um e outro que vocês não entenderão intuitivamente. Por outro lado, cada tipo de personalidade determinado pela ordem de nascimento tem as suas exigências, pontos fortes e fracos, além de requerer uma personalidade ligeiramente diferente para complementar esses traços. Se o seu parceiro é filho único, por exemplo, mas você é o filho caçula, a sua tendência a ser uma pessoa mais compreensiva pode ser exatamente o que o seu parceiro perfeccionista precisa.

O QUE FAZER EM CASO DE DESARMONIA

A ordem de nascimento é o aspecto mais importante na formação da personalidade. Os tipos de personalidade descritos são muito generalizados, facilmente alterados pela ordem de nascimento e pelo sexo, além de circunstâncias imprevisíveis; portanto, é a sua personalidade atual que conta, não apenas o seu lugar em uma seqüência.

Obviamente, você não pode mudar a ordem do seu nascimento, mas pode conversar a respeito de aspectos da personalidade de cada um que causem atritos, e procurar superá-los ou se comprometer a contorná-los. Isso poderá ajudá-lo a romper os preconceitos e aceitar que, pelo fato de o parceiro ter uma experiência de vida diferente da sua, ele apresenta reações diferentes em relação a você. Como se diz proverbialmente, coloque-se no lugar do seu parceiro e procure sentir a visão de mundo dele ou sobre o seu relacionamento em particular. Anotar os seus pensamentos pode ajudar, e também ajuda a ordenar os seus pensamentos.

FILHO ÚNICO

Geralmente você é considerado como tendo um misto das características do primogênito e do caçula. Como primogênito, você carregou o peso das expectativas dos seus pais, mas como caçula recebeu toda a atenção e por ter sido mimado. Na vida adulta, você pode se tornar perfeccionista e achar difícil conviver com os seus contemporâneos, talvez precisando se alegrar mais e esperar um pouco menos de si mesmo.

CASOS ESPECIAIS

Os irmãos nascidos com mais de cinco anos de intervalo podem não ocupar os mesmos papéis no relacionamento com os outros irmãos, embora as influências do sexo possam ser significativas. Os filhos tendem a se identificar mais com os pais e os irmãos do mesmo sexo, ao passo que um menino isolado num grupo de meninas, ou vice-versa, tem os seus problemas peculiares.

O Teste do Ambiente Familiar

Um fator importante no desenvolvimento infantil é o estilo de educação adotado pelos pais — o ambiente criado pelos seus pais em termos das expectativas deles e as maneiras pelas quais eles disciplinaram e recompensaram você. Por meio do seu estilo de educação, os pais transmitem aos filhos os modelos de como se comportar para atrair a atenção e o afeto. A maioria de nós gostaria de pensar que não estaríamos mais vivendo na tentativa de agradar ou atrair a atenção dos nossos pais, mas quando crianças nós absorvemos e interiorizamos esses modelos de comportamento. Num sentido mais amplo, eles nos acompanharão sempre, guiando e motivando a maior parte dos nossos comportamentos. E as conseqüências disso na sua busca do amor são evidentes, porque o parceiro que mais lhe convém é aquele cujo estilo emocional combina com o seu.

O teste do Ambiente Familiar usa um miniquestionário com perguntas relativas aos antecedentes familiares e ao estilo de educação para avaliar em que tipo de ambiente familiar você cresceu e se ele combina com o do seu parceiro. O teste distingue três categorias usadas para classificar o ambiente familiar:

- barulhento, expressivo, muito animado versus silencioso, delicado, reservado
- fechado, afetuoso, envolvente versus distante, frio
- rígido versus relaxado

O Teste

O teste a seguir consiste em 15 afirmações referentes aos seus pais (ou a um dos pais, se você foi criado basicamente por apenas um deles) e o ambiente familiar onde você cresceu. Faça o teste junto com o seu parceiro. A cada pergunta, cada um de vocês deve escolher uma resposta e ver se as escolhas de vocês concorda. Para cada pergunta em que vocês não concordam, marquem um ponto.

1 a A sua casa vivia sempre cheia de gente.
    b Os seus pais raramente tinham convidados.

2 a Vocês tomavam as refeições todos juntos sentados à mesa.
    b Vocês tomavam as refeições na frente da TV.
    c Muitas vezes vocês não faziam as refeições juntos.

3 a Os seus pais nunca bebiam muito quando os filhos estavam por perto.
    b Os seus pais não se incomodavam em "se soltar" na frente de vocês.

4 a A sua família costumava praticar uma porção de jogos em conjunto.
    b Os jogos eram algo reservado apenas para as crianças.

5 a Os seus pais costumavam se beijar e abraçar com freqüência.
    b Os seus pais raramente externavam muito afeto.

6 a Se você voltasse de uma festa além do horário estipulado pelos pais, eles subiriam pelas paredes e você se veria em apuros.
    b Se você voltasse de uma festa além do horário estipulado pelos pais, não seria o fim do mundo.
    c Você tinha permissão para voltar quando bem entendesse.

VOCÊS SÃO COMPATÍVEIS PSICOLOGICAMENTE?

7 a Os seus pais tinham brigas que a família inteira presenciava.
b Se os seus pais discutissem, mantinham a coisa em sigilo.

8 a Quando você convidava os amigos para a sua casa, os seus pais ficavam observando o que vocês faziam.
b Quando você convidava os amigos para a sua casa, você ficava à vontade para fazer o que bem entendesse.

9 a Avós, tios, tias e primos os visitavam com freqüência — ou vocês geralmente iam à casa deles.
b Vocês raramente viam o resto da família.

10 a Nas férias em família vocês ficavam todos juntos (iam acampar, passear na praia etc.).
b As férias eram uma oportunidade para os seus pais tirarem uma folga das obrigações com os filhos.

11 a Se os seus pais pegassem você fumando, eles fariam um escândalo e deixariam você de castigo durante meses.
b Se os seus pais pegassem você fumando, eles lhe fariam um sermão sobre os malefícios do cigarro e fariam você prometer que não faria aquilo de novo.
c Se os seus pais pegassem você fumando, eles não se preocupariam muito.

12 a Os seus pais beijavam e abraçavam você bastante.
b Os seus pais eram muito reservados com você.

13 a O genitor do mesmo sexo que você tinha um aposento particular (um estúdio ou vestíbulo) ao qual você não era bem-vindo.
b O genitor do mesmo sexo que você adorava compartilhar o seu aposento particular com você.

14 a A cozinha era o centro da casa.
b A sala de estar era o centro da casa.
c Nenhum aposento em particular era bem o centro da casa.

15 a A sua família era extrovertida, animada e barulhenta.
b A sua família era calada, circunspecta e retraída na maior parte do tempo.

INTERPRETAÇÃO DOS RESULTADOS

Quantos pontos vocês marcaram?

0-4 Ambientes familiares afins — Neste caso, vocês têm muito em comum e podem forjar laços profundos e instintivos. O único perigo é vocês trazerem maus hábitos emocionais do período de crescimento e não serem capazes de amenizar os excessos um do outro.

5-10 Algumas áreas de conflito — Observem com atenção as perguntas que responderam de maneira diferente e pensem como esses aspectos do seu crescimento afetaram os seus atuais estilos emocionais. Ao identificar as causas do seu estilo emocional você também pode ter uma boa idéia das causas das diferenças entre você e o seu parceiro.

11-15 Conflito — A falta de algo em comum no passado pode dificultar a convivência no futuro.

O QUE FAZER EM CASO DE DESARMONIA

Considerem que vocês podem ser complementares em vez de semelhantes, e usem os seus pontos fortes para ajudar a compensar as áreas comuns de dificuldade emocional. Por exemplo, se um de vocês vem de uma família barulhenta e muito animada, e por isso tem problemas para manter uma discussão sem transformá-la numa competição para ver quem grita mais alto, enquanto o outro teve um passado mais reservado e equilibrado, este último deve ser o exemplo a ser seguido quando precisarem conversar sobre as questões mais difíceis.

Vocês Têm Gostos Semelhantes?

De que modo a sua personalidade se manifesta na vida diária? Uma das formas mais óbvias é pelo que você gosta ou não gosta — a maneira como você se sente em relação às pequenas coisas da vida. Muitas dessas preferências pessoais podem parecer triviais, especialmente quando consideradas no terreno de "questões maiores" como a compatibilidade, mas são essas coisas do dia-a-dia que podem ajudar a melhorar ou prejudicar a vida a dois.

Os casais forjam e fortalecem a sua união por meio de experiências comuns, gerando assim uma história a dois. As coisas que vocês fazem juntos constituem o conteúdo da sua "história a dois", e grande parte do que é ser um casal inclui a apresentação dessa história ao mundo. Tudo isso só é possível se vocês gostam de fazer coisas juntos, e isso depende das coisas, que vocês gostam ou não gostam — quanto mais triviais elas parecem, mais importantes podem ser. Pense no que você gosta de assistir na televisão. Isso pode parecer uma bobagem, mas as pesquisas mostram que a atividade a dois mais comum entre os casais é assistir televisão. O conflito de opiniões sobre o que assistir na televisão poderia ir mais longe do que apenas brigar pelo comando do controle remoto.

O Teste

Este teste não tem nada de muito científico, embora tente explicar algumas extravagâncias de gosto ao pedir a vocês para dar uma classificação média para cada categoria. Basicamente, o diagrama é bem explícito — você registra os seus três itens favoritos em cada categoria e em seguida o seu parceiro atribui a cada uma das suas escolhas uma clas- sificação de zero a 10. Então você calcula a média das três classificações (somando todas e dividindo o resultado por 3), para obter a média de classificação em cada categoria, e depois soma as médias nas 10 categorias. Em seguida, você faz o mesmo com as escolhas do seu parceiro.

PROGRAMAS DE TV	
Os seus três preferidos	Classif. do parceiro
1	
2	
3	
	Média :

Os três preferidos do parceiro	A sua classificação
1	
2	
3	
	Média :

PRATOS	
Os seus três preferidos	Classif. do parceiro
1	
2	
3	
	Média :

Os três preferidos do parceiro	A sua classificação
1	
2	
3	
	Média :

VOCÊS SÃO COMPATÍVEIS PSICOLOGICAMENTE**?**

FILMES

Os seus três preferidos	Classif. do parceiro
1	
2	
3	
	Média :

Os três preferidos do parceiro	A sua classificação
1	
2	
3	
	Média :

LÍDERES MUNDIAIS

Os seus três preferidos	Classif. do parceiro
1	
2	
3	
	Média :

Os três preferidos do parceiro	A sua classificação
1	
2	
3	
	Média :

GÊNEROS MUSICAIS

Os seus três preferidos	Classif. do parceiro
1	
2	
3	
	Média :

Os três preferidos do parceiro	A sua classificação
1	
2	
3	
	Média :

ESTILOS DE DECORAÇÃO

Os seus três preferidos	Classif. do parceiro
1	
2	
3	
	Média :

Os três preferidos do parceiro	A sua classificação
1	
2	
3	
	Média :

Vocês Têm Gostos Semelhantes?

GÊNEROS ARTÍSTICOS

Os seus três preferidos — Classif. do parceiro
1
2
3
Média :

Os três preferidos do parceiro — A sua classificação
1
2
3
Média :

ESPORTES

Os seus três preferidos — Classif. do parceiro
1
2
3
Média :

Os três preferidos do parceiro — A sua classificação
1
2
3
Média :

PERSONALIDADES DA TV

Os seus três preferidos — Classif. do parceiro
1
2
3
Média :

Os três preferidos do parceiro — A sua classificação
1
2
3
Média :

LIVROS

Os seus três preferidos — Classif. do parceiro
1
2
3
Média :

Os três preferidos do parceiro — A sua classificação
1
2
3
Média :

O seu total: Total do seu parceiro:

VOCÊS SÃO COMPATÍVEIS PSICOLOGICAMENTE?

INTERPRETAÇÃO DOS RESULTADOS

Marque os seus resultados no gráfico, usando o seu total como o eixo dos X e os do seu parceiro no eixo dos Y. Desenhe uma linha reta unindo ambos os pontos. Em que faixa de pontuação vocês se encontram?

Pontuação do seu parceiro

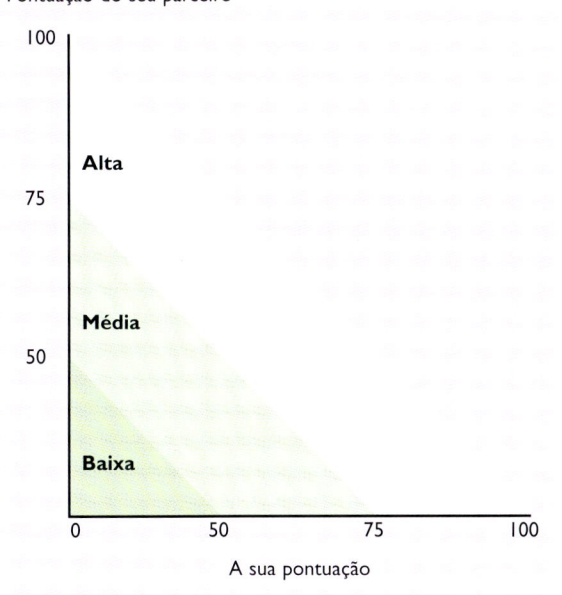

CATEGORIAS

Compatibilidade baixa Você e o seu parceiro são como giz e queijo! Ficar em casa pode não ser muito divertido, porque vocês não concordam sobre qual programa assistir ou qual música ouvir; mas sair de casa também não é lá essas coisas, porque vocês não concordam sobre qual filme assistir ou em qual restaurante comer.

Compatibilidade média Algumas das coisas favoritas do seu parceiro não despertam o seu entusiasmo e vice-versa, mas existe uma porção de interesses comuns que vocês podem desfrutar.

Compatibilidade alta Vocês são como duas ervilhas em uma vagem! O único perigo é se os dois gostarem de fazer exatamente as mesmas coisas, e acabem passando todo o tempo da vida juntos.

O QUE FAZER EM CASO DE DESARMONIA

Se você e o seu parceiro não concordam em relação às pequenas coisas da vida, então vocês devem se perguntar como se sentem em relação às grandes coisas. Dêem uma olhada no teste das crenças (págs. 108-9) e nos testes sobre os seguintes temas: dinheiro (págs. 110-11), carreira (págs. 112-13) e projeto de vida (págs. 116-17), para ver até que ponto vocês são compatíveis com relação às questões mais importantes. Se vocês combinam bem nessas questões, os resultados baixos neste teste sugerem que, no fundo, vocês são compatíveis mas complementares em vez de semelhantes no que se refere à vida diária. Esse pode ser um ponto forte, oferecendo-lhes um relacionamento que os desafia, e é pouco provável, portanto, que fiquem presos a um mesmo estilo de vida entediante.

Num nível mais prático, superem os conflitos buscando coisas que ambos apreciem — elas podem ser muito mais numerosas do que vocês pensam. Enfim, se tudo o mais falhar, tentem aplicar o plano de sete dias, em que cada parceiro tem o "poder" em determinados dias da semana. Adotando um método formal como esse, vocês evitam as disputas de poder, que desgastam o relacionamento. E podem até mesmo aprender a gostar dos programas de televisão de que só um de vocês gostava.

A Relação Entre Elogios e Críticas

Depois de anos de entrevistas, gravações e análises de desentendimentos entre parceiros, um especialista americano em conflitos de casais afirma ter encontrado um método simples mas eficaz para avaliar a compatibilidade a longo prazo e prever o sucesso de um relacionamento no futuro.

Essa pesquisa considera a proporção entre elogios e críticas nas discussões dos casais — simplificando, o número de coisas positivas que os integrantes de um casal dizem um para o outro em comparação com o número de coisas negativas. Quanto maior a proporção — mais coisas positivas ditas — maiores as possibilidades de o casal permanecer unido. E considera-se que a proporção elogios:críticas (E:C) pode ser usada para prever se um casal vai continuar unido por cinco anos com um índice de acerto da ordem de 90 por cento! Então, como isso funciona? Uma proporção E:C baixa não significa necessariamente que os parceiros não se gostem, mas que eles adquiriram o hábito de se considerar de um ponto de vista negativo. Em termos psicológicos, eles desenvolveram um esquema negativo de se ver como parceiros. Depois que esse padrão se desenvolve, pode ser difícil mudá-lo, e o resultado é que os parceiros perdem de vista o que os atraiu um para o outro, deixam de enfrentar construtivamente as dificuldades que surgem e acabam se tornando incapazes de manter o relacionamento.

O Questionário

Idealmente, este questionário deveria ser respondido por um observador imparcial, que pudesse considerar a transcrição de uma conversa entre pessoas cujos nomes e opções sexuais lhe sejam desconhecidos, e depois fazer avaliações relativamente objetivas das afirmações feitas, visando classificá-las como positivas ou negativas. Na prática, você talvez não consiga encontrar um voluntário adequado para fazer esse papel; portanto, teremos de fazer isso considerando os tipos de respostas que você e o seu parceiro dão um para o outro. Tentem responder às perguntas com a maior honestidade possível, escolhendo as alternativas que mais se assemelhem às respostas que vocês dariam e não às respostas que vocês acham que deveriam dar.

1 O seu parceiro se ofereceu para fazer o almoço, mas parece que está criando um caos na cozinha. De que maneira você reagiria?

a *Não diria nada, porque se não tem algo de bom a dizer não deve dizer nada.*
b *Censuraria e daria conselhos construtivos.*

2 Você acabou de gastar uma quantia considerável de dinheiro (não restituível) num casaco que o seu parceiro viu numa liquidação pela metade do preço normal. Como o seu parceiro reagiria?

a *Pediria a você para tomar um pouco mais de cuidado e pesquisar os preços antes de fazer outra compra no futuro.*
b *Elogiaria você pelo novo casaco.*

3 Você obteve o terceiro lugar numa competição numa feira local. O que acha que o seu parceiro diria?

a *Muito bem!*
b *Por que não chegou em primeiro?*

4 Você e o seu parceiro acabaram de assistir a um filme. O seu parceiro diz que adorou cada minuto do filme e chega a se comparar ao protagonista em nível pessoal. Você odiou o filme. Quando o parceiro lhe pergunta o que achou, o que você responde?

a *Você admite que não gostou.*
b *Diz que gostou muito do protagonista.*

VOCÊS SÃO COMPATÍVEIS PSICOLOGICAMENTE?

INTERPRETAÇÃO DOS RESULTADOS

Calcule quantas respostas E(logiosas) você deu e quantas C(ríticas) teria feito usando a escala da tabela abaixo:

Pergunta/Resposta	E	C
1	a	b
2	b	a
3	a	b
4	b	a
5	a	b
6	b	a

Agora, dividam o número de Es que vocês obtiveram pelo número de Cs. Esse número é a sua proporção E:C.

De acordo com a pesquisa mencionada anteriormente, se a sua proporção E:C for igual ou maior que 5, vocês são altamente compatíveis. Se for igual ou menor que 2, você podem estar em conflito. Se a sua proporção cair num valor intermediário, vocês terão de se empenhar mais.

O QUE FAZER EM CASO DE DESARMONIA

A relação E:C tem tudo a ver com respeito. Os parceiros que se respeitam restringem seus comentários negativos mesmo que estejam aborrecidos com alguma coisa. Os parceiros cujas desavenças são negativas demonstram falta de respeito. Para quebrar o hábito de discussões negativas, vocês precisam:
- Esforçar-se para perceber o que estão fazendo.
- Tratar de maneira adequada as questões que lhes dão uma visão negativa do relacionamento.
- Aprender a voltar a ver o parceiro de um ângulo mais positivo.

5 Vocês dois estão a caminho da festa de Natal da empresa do seu parceiro. No mesmo evento, no ano anterior, o seu parceiro colocou a ambos numa situação embaraçosa, e agora ele faz ironia a respeito. Qual seria a sua provável resposta ao comentário?
a   Riria do comentário.
b   Pediria a ele para não embaraçá-los outra vez.

6 O seu parceiro está dirigindo e espera que você oriente o itinerário. Chegam a um retorno e você não sabe se devem retornar ou não. Qual seria a reação dele?
a   Gritaria com você.
b   Diria que não tem importância, pois pode voltar no próximo retorno.

Qual É o Seu Estilo de Discussão?

Até mesmo os parceiros mais compatíveis têm discussões, e ao longo de um relacionamento duradouro um casal pode esperar inúmeras brigas, grandes e pequenas. Às vezes, as discussões são realmente necessárias e úteis, mas o excesso de desentendimentos negativos em relação aos seus correspondentes positivos é um sintoma de falta de saúde do relacionamento. A maneira como vocês discutem também é importante.

Quando os casais "bem-sucedidos" discutem, mantêm o respeito e a delicadeza um pelo outro, ao mesmo tempo que procuram ter uma discussão construtiva que não recorra a ataques pessoais, a exageros ou ultimatos. Eles podem não necessariamente resolver problemas ou chegar a compromissos satisfatórios, mas realmente procuram esclarecer as coisas, assegurar-se de que ambos os lados foram ouvidos e seguir em frente. Os casais "malsucedidos" são aqueles que tanto deixam de ter discussões difíceis mas necessárias, quanto discutem de maneira destrutiva em vez de construtiva. Como vocês se classificam?

O Teste

Este teste considera a tendência à discussão como uma dimensão da personalidade e compara o seu estilo de discutir com o do seu parceiro. Classifique as afirmações a seguir como:
1 Não tem nada comigo
2 Pode ser o caso, dependendo das circunstâncias
3 Tem tudo a ver comigo

1 Não deixo de provocar uma discussão sempre que posso.

| 1 | 2 | 3 | 4 | 5 |

2 É mais importante evitar uma discussão do que estar certo.

| 1 | 2 | 3 | 4 | 5 |

3 Nunca fujo de uma discussão.

| 1 | 2 | 3 | 4 | 5 |

4 Acho que uma boa discussão ajuda a manter a disciplina mental.

| 1 | 2 | 3 | 4 | 5 |

5 Sempre concordo com todo mundo para evitar discussões.

| 1 | 2 | 3 | 4 | 5 |

6 Acho que uma briga pode esclarecer as coisas.

| 1 | 2 | 3 | 4 | 5 |

7 Odeio quando percebo que uma discussão vai começar.

| 1 | 2 | 3 | 4 | 5 |

8 Costumo pagar na mesma moeda que recebo.

| 1 | 2 | 3 | 4 | 5 |

9 Toda vez que entro numa briga prometo que vai ser a última.

| 1 | 2 | 3 | 4 | 5 |

10 Gosto do desafio intelectual de uma boa discussão.

| 1 | 2 | 3 | 4 | 5 |

11 Odeio perder a calma.

| 1 | 2 | 3 | 4 | 5 |

12 Prefiro evitar pessoas que gostam de discutir.

| 1 | 2 | 3 | 4 | 5 |

13 Nunca se deve evitar um problema só porque ele é controverso.

| 1 | 2 | 3 | 4 | 5 |

14 Fico feliz quando consigo prever uma briga e fugir dela.

| 1 | 2 | 3 | 4 | 5 |

VOCÊS SÃO COMPATÍVEIS PSICOLOGICAMENTE?

INTERPRETAÇÃO DOS RESULTADOS

PONTUAÇÃO

A Some os seus pontos para as afirmações 1, 3, 4, 6, 8, 10 e 13.
B Separadamente, some os seus pontos para as afirmações 2, 5, 7, 9, 11, 12 e 14.

Subtraia o total B de A para obter a sua pontuação global quanto à inclinação à discussão — o máximo possível é +28 e o mínimo possível é –28. Uma pontuação alta indica que você tem uma grande inclinação para discutir, e não apenas não se importa com isso, mas busca efetivamente as discussões. Uma pontuação baixa sugere que você costuma evitar discussões que possam levar a um conflito.

Peça ao seu parceiro para calcular a pontuação dele e marque as suas pontuações na escala abaixo.

Em qual área da escala ficou a pontuação de vocês?
Amarela (0 a +/- 7) Esta é a mais promissora, em termos de sucesso futuro do relacionamento — os casais nessa área têm maior probabilidade de esclarecer os problemas quando necessário, mas evitam conflitos em excesso.
Vermelha (+21 a +28) Quando ambos os parceiros obtêm uma pontuação elevada no que diz respeito à discussão, a previsão é de tempestade, com alta possibilidade de rixas. Conforme vimos no último teste, talvez se trate de más notícias.
Azul (-21 a -28) Quando a pontuação dos parceiros cai na extremidade de "evitação" do espectro da tendência à discussão, o relacionamento é como um barco navegando em águas calmas mas repletas de *icebergs*. Os problemas importantes não desaparecem apenas porque não são discutidos — eles podem aparecer mais tarde na superfície e pegá-los de surpresa.
Laranja/Verde (+7 a +21/-7 a -21) Um conflito no caso poderia ser a pior coisa do mundo para ambos — um parceiro habitualmente reage exatamente da maneira calculada para aborrecer ao máximo o outro. O parceiro inclinado a discutir pode ficar frustrado porque as discussões não acontecem, enquanto o parceiro que se esquiva pode sentir-se intimidado ou censurado.

O QUE FAZER EM CASO DE DESARMONIA

Se vocês forem capazes de adotar o estilo certo de discussão — ouvindo e resumindo tudo o que têm a dizer, sintetizando os pontos importantes e negociando com delicadeza — então poderão negociar em segurança até mesmo em situações de conflito.

Alguns estilos problemáticos de muita inclinação à discussão:
• AGRESSIVO — intimidante; dominador; ataque por engano ou por hostilidade.
• DISCUSSÃO PELA DISCUSSÃO — gosta de uma boa discussão; sistematicamente contestador.
• PARANÓICO — irrita-se; decepciona-se; perde a compostura.

Alguns estilos de muita inclinação a evitar a discussão:
• PERTURBADO — as palavras brotam na ordem errada; abre a boca antes de pensar.
• CONCILIADOR — concorda com tudo só para conseguir manter a paz.

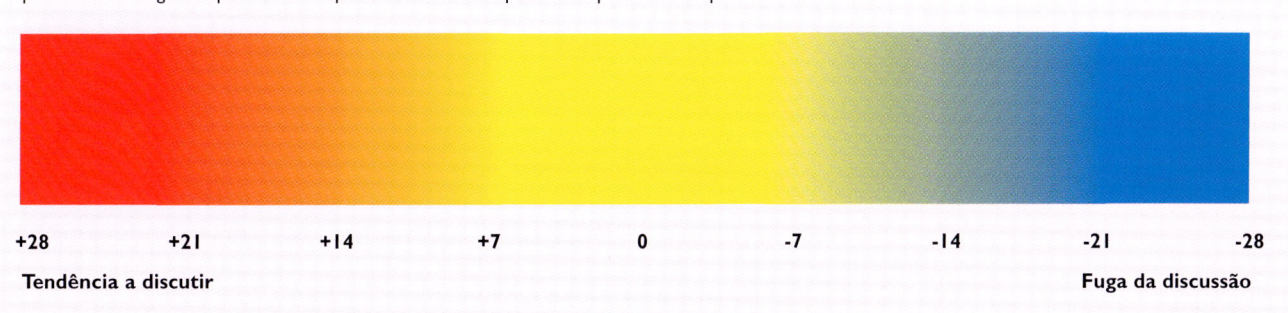

| +28 | +21 | +14 | +7 | 0 | -7 | -14 | -21 | -28 |

Tendência a discutir   **Fuga da discussão**

Qual É o Seu Perfil no Amor?

Diversas teorias psicológicas têm sido apresentadas para explicar o amor. Dentre essas teorias, a mais popular — aquela que mais coincide com a experiência amorosa da maioria das pessoas — é provavelmente a teoria triangular de Robert Sternberg. Sternberg identifica três componentes principais no amor, e diz que formas diferentes de amar refletem diferentes combinações desses componentes. Os três componentes são paixão, intimidade e compromisso.

- Paixão: Este é o componente mais forte no início de um relacionamento romântico. Compreende a excitação e a atração sexual (a "química") e os sentimentos de euforia romântica.
- Intimidade: Este componente se forma na segunda etapa do relacionamento à medida que os parceiros se abrem e compartilham os seus pensamentos, sentimentos, necessidades e medos. A intimidade está ligada a sentir-se íntimo e seguro com o parceiro.
- Compromisso: Este é o componente que se desenvolve quando a relação amadurece. O compromisso implica sentir lealdade em relação ao parceiro e ao relacionamento; tem a ver com estabilidade, segurança e envolvimento.

O Teste

Classifique cada uma das afirmações abaixo numa escala de 1 a 10, sendo que 1 representa "Discordo"; 5, "Concordo mais ou menos"; e 10 "Concordo plenamente".

1	2	3	4	5	6	7	8	9	10
Discordo				Concordo mais ou menos					Concordo plenamente

PAIXÃO

1 Você idealiza o seu parceiro.
1 2 3 4 5 6 7 8 9 10

2 Você se excita só de pensar no seu parceiro.
1 2 3 4 5 6 7 8 9 10

3 Você acha o seu parceiro muito sensual.
1 2 3 4 5 6 7 8 9 10

4 O seu parceiro deixa o seu corpo "ligado".
1 2 3 4 5 6 7 8 9 10

5 Você não consegue parar de pensar no seu parceiro.
1 2 3 4 5 6 7 8 9 10

6 Você adora o seu parceiro.
1 2 3 4 5 6 7 8 9 10

7 Canções de amor e filmes românticos fazem você pensar no seu parceiro.
1 2 3 4 5 6 7 8 9 10

8 Vocês não conseguem manter as mãos longe um do outro.
1 2 3 4 5 6 7 8 9 10

VOCÊS SÃO COMPATÍVEIS PSICOLOGICAMENTE?

INTIMIDADE

1 O seu parceiro realmente compreende você.
1 2 3 4 5 6 7 8 9 10

2 Você realmente compreende o seu parceiro.
1 2 3 4 5 6 7 8 9 10

3 Você confia no seu parceiro.
1 2 3 4 5 6 7 8 9 10

4 Você e o seu parceiro conversam sobre tudo.
1 2 3 4 5 6 7 8 9 10

5 Você comentou com o seu parceiro sobre os seus maiores medos e sonhos.
1 2 3 4 5 6 7 8 9 10

6 Você tem intimidade com o seu parceiro.
1 2 3 4 5 6 7 8 9 10

7 O seu parceiro pode contar com você.
1 2 3 4 5 6 7 8 9 10

8 O seu parceiro lhe dá apoio emocional.
1 2 3 4 5 6 7 8 9 10

COMPROMISSO

1 Você se preocupa com a saúde do seu parceiro.
1 2 3 4 5 6 7 8 9 10

2 Você é responsável pelo seu parceiro.
1 2 3 4 5 6 7 8 9 10

3 Você encara essa relação como duradoura.
1 2 3 4 5 6 7 8 9 10

4 Mesmo se as coisas ficarem difíceis, vocês manterão o compromisso.
1 2 3 4 5 6 7 8 9 10

5 Você é incapaz de imaginar uma separação.
1 2 3 4 5 6 7 8 9 10

6 O seu relacionamento é sólido.
1 2 3 4 5 6 7 8 9 10

7 Ninguém poderia se colocar entre vocês.
1 2 3 4 5 6 7 8 9 10

8 Você sempre se sente responsável pelo seu parceiro.
1 2 3 4 5 6 7 8 9 10

DESENHANDO O SEU TRIÂNGULO

Some os seus pontos para cada componente e use-os para marcar as posições entre os três eixos deste gráfico.

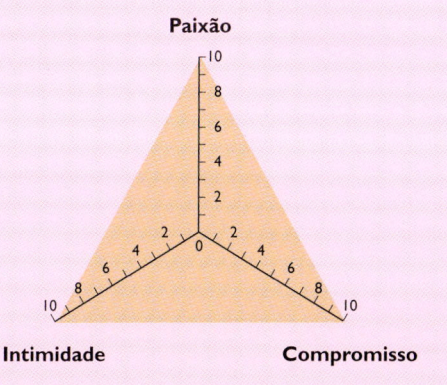

Agora, use os três pontos para desenhar um triângulo.

93

Qual É o Seu Perfil no Amor?

INTERPRETAÇÃO DOS RESULTADOS

O que revela a sua pontuação? Qual a forma do seu triângulo? Ele se alonga no comprimento de um dos eixos? A maior parte da área está entre dois eixos? Ou é um triângulo eqüilátero (em que os três ângulos formados pelas arestas são iguais)? Segundo Robert Sternberg, existem oito maneiras possíveis de combinar os três componentes do amor, resultando em oito tipos de sentimentos. Esta tabela indica como interpretar o seu triângulo. Conte as pontuações acima de 40 pontos em qualquer um dos três componentes como "altas", e as pontuações abaixo de 40 como "baixas", depois faça o mesmo com o triângulo do seu parceiro.

Pontuação da paixão	Pontuação da intimidade	Pontuação do compromisso	Forma do triângulo	Categoria
Baixa	Baixa	Baixa	Minúsculo	1
Alta	Baixa	Baixa	Afilado para cima	2
Baixa	Alta	Baixa	Afilado para a esquerda	3
Baixa	Baixa	Alta	Afilado para a direita	4
Alta	Alta	Baixa	A maior área do triângulo à esquerda	5
Baixa	Alta	Alta	A maior área do triângulo na base	6
Alta	Baixa	Alta	A maior área do triângulo à direita	7
Alta	Alta	Alta	Triângulo eqüilátero	8

VOCÊS SÃO COMPATÍVEIS PSICOLOGICAMENTE?

Se a sua pontuação cair no ponto intermediário de um ou mais eixos, e o seu triângulo não se encaixa nas formas apresentadas aqui mas sim entre duas categorias, pode ser que os seus sentimentos em relação ao parceiro combinem elementos de ambos. Leia ambas as descrições e use-as para se informar melhor sobre o seu relacionamento. Qual é a sua categoria?

1 Indiferença Resultados baixos nos três componentes. A ausência de amor constitui o relacionamento que temos com companheiros, amigos ou conhecidos eventuais. Também pode compreender um relacionamento que passou por diversas etapas e fases e resulta num relacionamento independente, em que ambos se mantêm juntos sem exigências.

2 Fascinação Apenas a paixão é alta. Esta geralmente representa a etapa inicial do relacionamento, antes que os outros dois componentes tenham tempo para se desenvolver, mas não se sustenta a longo prazo.

3 Afeição Apenas a intimidade é alta. Gostar é como nos sentimos em relação aos amigos — podemos estar próximos mas não sentir atração romântica ou sexual. Não obstante, viver com eles nos faz sentir bem e estamos preparados para lidar com menos paixão do que esperávamos.

4 Desafeição Apenas o compromisso é alto. É comum em relacionamentos duradouros que perderam o calor. Os parceiros acham que devem ficar juntos pelo bem dos filhos, mas não se ligam mais emocional ou fisicamente. No entanto, o valor do passado comum também conta.

5 Amor romântico Tanto a paixão como a intimidade são altos, mas o compromisso é baixo. Esse tipo de amor é comum na segunda etapa do relacionamento, quando os parceiros realmente estão "dentro" um do outro, mas pode ser que não tenham tempo para desenvolver o compromisso.

6 Companheirismo A intimidade e o compromisso são altos, mas a paixão é baixa. São assim os relacionamentos em que a paixão morreu mas ainda há atração, afeição e o desejo de constituir uma vida juntos. É comum em casais que estão juntos há muito tempo.

7 Amor insensato A paixão e o compromisso são altos, mas a intimidade é baixa. Representa casais que se desesperaram e casaram, mas então descobriram que não têm muita coisa em comum e podem nem mesmo gostar muito um do outro — ou talvez não tiveram tempo para desenvolver a intimidade.

8 Amor consumado Os três componentes são altos. Este é o ideal a que podemos aspirar — normalmente representa casais estáveis bem-sucedidos que se amam e precisam um do outro, e também mantêm acesa a chama da paixão. O segredo é fazer esse tipo de amor durar.

Qual é o seu tipo de amor? Tendo em mente que nenhum relacionamento é o ideal, por mais que você se esforce, não se preocupe muito se o seu tipo de amor não existe. Na verdade, você pode se consolar pensando que isso é normal. Além do mais, os pontos que você atribuiu a si mesmo podem refletir o seu estado mental atual. E esse estado pode mudar. Sabendo que pode sentir-se diferente num dia, numa semana ou num mês, considere de novo o teste como uma boa referência. Também existe a possibilidade de que os seus resultados podem caracterizar uma fase — uma etapa na progressão rumo ao amor consumado. A intimidade e o compromisso juntos precisam de tempo para se desenvolver. Recuperar a paixão do passado é complicado, mas é possível recuperar o entusiasmo na vida sexual se vocês dois estiverem interessados.

COMO VOCÊ SE VÊ EM COMPARAÇÃO AO SEU PARCEIRO?

Um bom teste de compatibilidade é comparar o seu triângulo do amor com o do seu parceiro. Segundo Sternberg, os triângulos de casais compatíveis têm formas semelhantes, o que indica que ambos têm a mesma visão do relacionamento — o que se chama de congruência. Se os seus triângulos não combinarem, avaliem as suas diferenças e procurem resolvê-las.

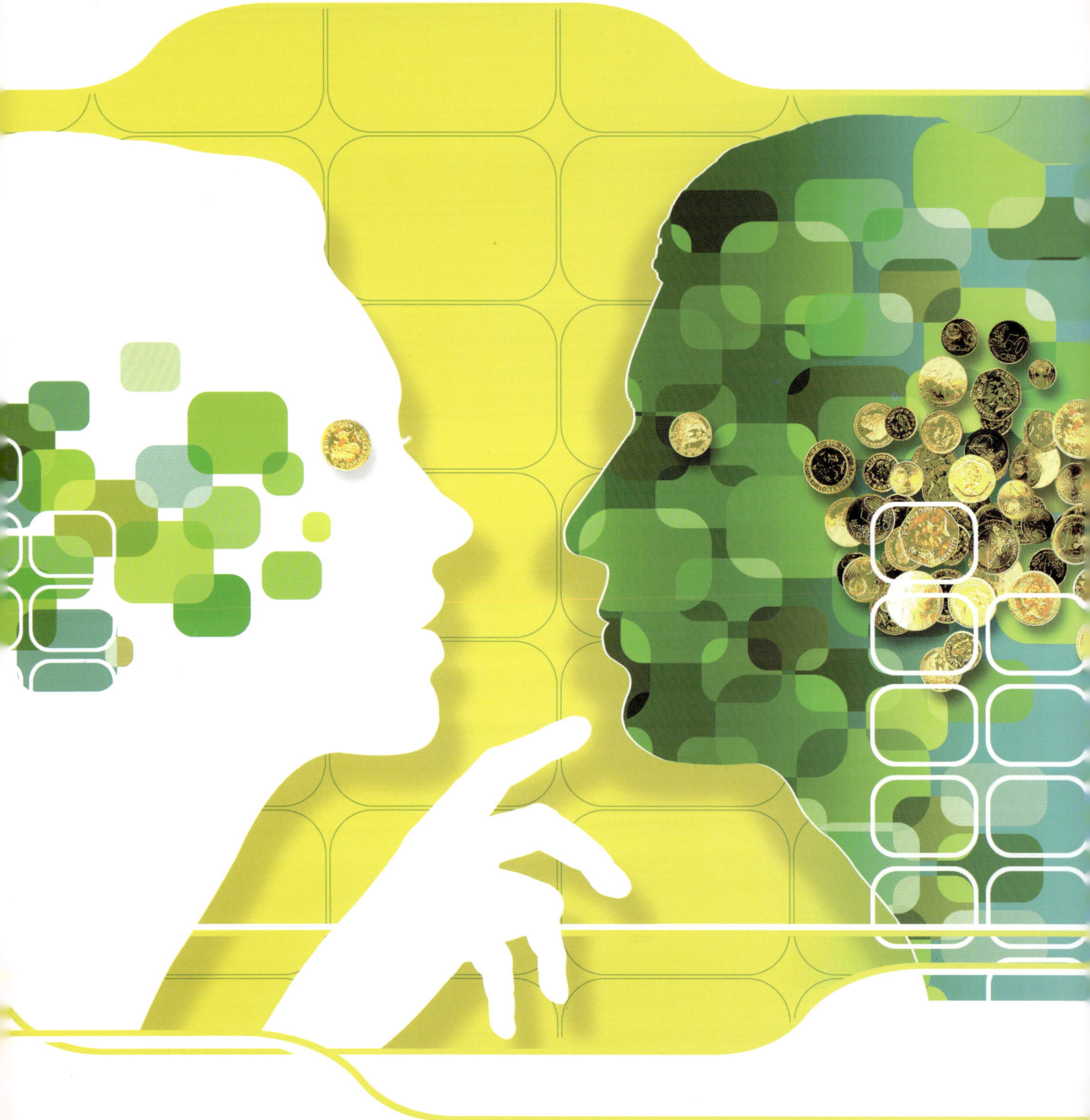

QUARTA PARTE

Vocês São Compatíveis Social e Economicamente?

ANTECEDENTES

Hoje em dia, nos casamos por amor — tomara que o seu parceiro seja a pessoa dos seus sonhos. Ah, o amor! É desse modo que as coisas acontecem no mundo ocidental, e ainda assim não faz muito tempo que em todas as sociedades o casamento era um negócio arranjado. Mas os índices cada vez maiores de divórcios no Ocidente têm suscitado uma controvérsia significativa — será que, em nome dos ideais do amor e do romance, não nos teríamos tornado cegos à realidade do que efetivamente faz um relacionamento funcionar?

A principal mudança ao longo dos últimos cem anos foi a adoção do amor romântico como o fator preponderante na escolha do parceiro, muito acima de questões mais pragmáticas como classe, riqueza e "conveniência". Rendemo-nos à adoração do santuário do desejo. Hoje, no Ocidente, nos perguntamos: "Mas eles se amam?", e não: "Eles formam um bom par?"

O triunfo do amor

As raízes desse processo remontam à idéia medieval de amor cortês, que de muitas maneiras floresceu na noção de amor romântico no início do século XIX. Mas apenas como resultado das enormes revoluções sociais e econômicas do século XX (erodindo as barreiras de classe, distribuindo a riqueza e acelerando a mobilidade social) é que as nossas prioridades na definição do parceiro mudou significativamente.

Hoje em dia, damos como certos os frutos dessa transformação e geralmente nos esquecemos de quanto realmente é moderna a noção de "casamento por amor". Até mesmo num ano recente como 1967, três quartos das estudantes de faculdade americanas responderam a uma pesquisa que só casariam com alguém a quem não amassem se pensassem que isso lhes traria um benefício econômico. No século XXI, menos de trinta anos depois, atitudes como essa são consideradas inaceitavelmente antiquadas. Hoje se considera frieza e cinismo colocar os interesses sociais e econômicos acima das questões de envolvimento pessoal.

Analisando os resultados

Mas será que não haveria talvez um toque de sabedoria nos antigos métodos de seleção do parceiro? Quem sabe a atitude mais inflexível de algumas gerações atrás não fosse preferível à falibilidade de uma escolha ilimitada? Com certeza, é o que as estatísticas sugerem. Até mesmo hoje em dia, e a despeito

VOCÊS SÃO COMPATÍVEIS SOCIAL E ECONOMICAMENTE?

de todo o nosso discurso sobre o amor, em torno da atração dos opostos e da adoção de ideais multiculturais, a esmagadora maioria dos relacionamentos bem-sucedidos ocorre preponderantemente entre pessoas de origem e formação semelhantes ou quase semelhantes.

Quer aprovemos, quer não, os fatores socioeconômicos também determinam se seremos felizes na escolha do parceiro. Os casais que compartilham a mesma origem e formação, as mesmas aspirações, atitudes e opiniões sobre questões socioeconômicas básicas como classe social, etnicidade, padrão econômico e metas profissionais têm maior probabilidade de ser felizes em um relacionamento estável que os casais que não comungam os mesmos valores.

O que se discute nesta parte do livro

Preparei nove testes — sobre classe, posição social, amigos, etnicidade, crenças, dinheiro, carreira, política e objetivos de vida — considerando importantes aspectos sociais e econômicos nos relacionamentos, além de questões relativas à formação, à situação atual e futura. Por que essas questões socioeconômicas são tão importantes? Por um lado, questões como plano de carreira e classe têm muita coisa a ver com as posturas e os valores de uma pessoa. Elas revelam uma porção de coisas sobre a sua personalidade e a do parceiro, muito embora de uma maneira ligeiramente menos direta do que nos testes da parte anterior deste livro. Assim como naqueles testes, e em muitos outros do livro, o elemento fundamental nos testes desta parte é a semelhança. Por exemplo, se as suas opiniões políticas e as suas aspirações forem semelhantes, então pode-se concluir que é maior a probabilidade de vocês terem traços de personalidade em comum.

Pensando no futuro

Os fatores sociais e econômicos que esses testes abrangem também ajudam a prever o tipo de equipe que você e o seu parceiro provavelmente formarão, mesmo depois que a paixão inicial que os atraiu um para o outro tiver se extinguido, incluindo como vocês vão lidar com acontecimentos futuros, como problemas financeiros ou a criação da família. A longo prazo, são problemas como esses que determinam se um relacionamento subsiste.

Uma Questão de Classe

No século XIX, a "classe" implicava uma infinidade de associações e conseqüências concretas sobre a vida das pessoas, formando um rígido conjunto de leis que regiam o funcionamento da sociedade. Esperava-se que as pessoas "conhecessem o seu lugar", e aqueles que se casassem com alguém acima ou abaixo da sua "posição" arriscavam-se à exclusão social ou a algo pior. Felizmente, hoje em dia as barreiras de classe são bem menos rígidas; assim, faz mais sentido falar em termos de posição socioeconômica. Essa posição é determinada pela renda, pelo nível de educação e as aspirações, em vez de simplesmente pelo nascimento. Em termos gerais, a posição socioeconômica é um indicador muito bom para avaliar se duas pessoas têm ou não probabilidade de serem compatíveis. Isso não significa que as pessoas em geral sejam obcecadas pela classe, ou até mesmo nem se preocupem com questões de classe na hora de avaliar um parceiro. Sem dúvida não significa que os preconceitos de classe de qualquer tipo sejam uma boa idéia, ou que você deva apenas procurar um parceiro dentro da "sua classe". Significa simplesmente que comparar a sua categoria socioeconômica com a do seu parceiro ajuda a acrescentar mais uma peça ao mosaico de fatores que influenciam a compatibilidade.

Os especialistas como os executivos de marketing desenvolveram sofisticados esquemas para classificar os grupos socioeconômicos, mas o meu teste simplesmente distingue as três categorias mais amplas. Não foi atribuído nenhum juízo de valor a nenhuma das categorias. Você precisa responder ao teste uma vez por si mesmo e outra vez pelo seu parceiro.

O Questionário

1 Em que classe de renda você se encaixa?
a *Baixa.*
b *Média.*
c *Alta.*

2 Você freqüentou escolas particulares?
a *Sim.*
b *Não.*

3 Que nível de educação você recebeu?
a *Colegial.*
b *Faculdade.*
c *Pós-graduação.*

4 Os seus pais fizeram faculdade?
a *Nenhum deles.*
b *Um deles.*
c *Ambos.*

5 Que tipo de jornais você lê com mais freqüência?
a *Nenhum.*
b *Semanais.*
c *Diários.*

6 Qual das categorias abaixo caracteriza o seu tipo de férias?
a *Hotéis/cruzeiros de luxo.*
b *Pacotes de turismo para o exterior.*
c *Independente/exploração/ aventura/quebra da rotina.*
d *Chalé alugado.*

7 Você é o proprietário da casa em que mora?
a *Não.*
b *Sim.*

8 Se você tiver filhos, gostaria que abandonassem os estudos mais cedo para ingressar direto numa carreira potencialmente lucrativa, ou preferiria que fossem para a faculdade e pensassem em trabalhar em outra oportunidade?
a *Gostaria que começassem a trabalhar logo.*
b *Gostaria que fossem para a faculdade.*

9 No fim da adolescência/início da vida adulta, você recebeu alguma ajuda financeira dos seus pais?
a *Nenhuma/mínima.*
b *Um boa quantia — por exemplo, pagaram a faculdade.*
c *Muita — por exemplo, compraram uma casa/abriram uma poupança.*

VOCÊS SÃO COMPATÍVEIS SOCIAL E ECONOMICAMENTE

INTERPRETAÇÃO DOS RESULTADOS

Calcule os seus pontos de acordo com a seguinte tabela:

Pergunta/Resposta	a	b	c	d
1	6	3	1	-
2	0	6	-	-
3	6	4	3	-
4	3	2	1	-
5	4	4	2	-
6	2	0	6	2
7	4	2	-	-
8	5	2	-	-
9	6	2	0	-

Um resultado de 31-52 pontos coloca você na categoria A. Você não avançou muito e, provavelmente, nem os seus pais. Às vezes, você precisa batalhar muito para conseguir o que quer.

Um resultado de 19-30 pontos coloca você na categoria B. Muito provavelmente, você é uma pessoa consciensiosa e esforçada, e tem uma boa noção do valor do dinheiro. A vida não é necessariamente fácil do ponto de vista financeiro, mas você segue em frente.

Um resultado de 12-18 pontos coloca você na categoria C. Você muito provavelmente se acostumou com o fluxo da riqueza na sua família, e talvez a tenha como certa. Desde que você também ganhe bem, isso é ótimo, mas se não, poderá considerar a vida uma áspera batalha.

Os resultados que colocam você e o seu parceiro na mesma categoria indicam uma classificação de alta compatibilidade nessa área.

Os resultados que colocam um de vocês na categoria A e o outro na categoria C indicam uma classificação de baixa compatibilidade.

Os resultados com apenas uma categoria de diferença indicam uma classificação de compatibilidade intermediária.

Embora uma posição socioeconômica equivalente seja um indicador de compatibilidade, esse é um indicador secundário, em especial no que se refere à imensa maioria de casais incluídos na mesma categoria ou com apenas uma de diferença. Uma grande diferença nos antecedentes socioeconômicos, no entanto, pode ser um obstáculo significativo ao relacionamento, e é algo que você e o seu parceiro devem considerar com seriedade, já que poderá afetar os seus respectivos valores, aspirações e expectativas. Se esses diferirem, o conflito será muito mais provável e, decisivamente, mais difícil negociar problemas no futuro porque vocês talvez careçam de coisas em comum para se compreender plenamente.

O QUE FAZER EM CASO DE DESARMONIA

Se você e o seu parceiro se encontram em categorias opostas, devem estar bem conscientes dos problemas que isso acarreta, e podem até já ter-se cansado de conversar a respeito. Isso é bom quando vocês estão discutindo as coisas de maneira calma e razoável, mas o perigo começa quando os ânimos se exaltam e os resultados são estressantes. Principalmente quando vocês voltam aos seus padrões de comportamento antigos e enraizados e os bloqueios se formam, impedindo-os de apreciar as perspectivas um do outro. Preparem-se para identificar e lidar com prováveis pontos de atrito no futuro. Quando surgirem situações tensas, sigam estas três regras simples, para evitar o antagonismo de classe:

• Não diga frases feitas (como: "Você nasceu em berço de ouro").

• Conte até dez antes de responder: não erga a voz se o parceiro o irritar. Uma pausa por um segundo pode lhe dar um pouco de distanciamento e ajudar a evitar uma situação pior ainda por causa de uma resposta atravessada.

• Não chegue a conclusões precipitadas. Certo, vocês podem ter antecedentes socioeconômicos diferentes, mas não suponha que essas sejam as causas básicas de uma discussão. Analise outras razões que também sejam um problema.

Qual É o Seu Lugar de Origem?

Surpreendentemente, nesta época de mudanças, a maioria das pessoas ainda encontra o parceiro para toda a vida no seu lugar de origem, embora a definição de lugar de origem tenha se ampliado consideravelmente com o passar do tempo. A influência do seu bairro, no sentido da região em que você cresceu, é algo aparentemente tão óbvio que você pode muito bem nem tomar como referência. No entanto, como um aspecto significativo da sua infância, o seu bairro exerceu grande influência nos seus anos de formação. O estilo pessoal varia muito de acordo com a comunidade e o ambiente de origem. O fato de ter crescido no interior, por exemplo, pode significar que você teve a oportunidade de viver mais solto e ser mais independente e confiante em si mesmo na infância, mas tornar-se entediado e inquieto na adolescência. No entanto, crescer no impessoal ambiente urbano pode ter-lhe dado um temperamento nervoso, ou significar que você teve de desenvolver uma carapaça protetora, e não teve muita oportunidade de expressar convenientemente as suas necessidades e inseguranças.

Se essas análises parecem estereotipadas, pense na sua própria experiência e vai começar a entender como foi importante a influência do ambiente. O meio provavelmente determinou a escola que você freqüentou, quem foram os seus amigos, que tipo de atividades de lazer ou passatempos você teve (ou não pôde ter), qual a sua idéia de uma boa noitada e que tipo de vizinhança você prefere na vida adulta.

O ambiente da infância/adolescência pode ser igualmente importante em razão da própria inconstância e/ou instabilidade. As pessoas que se mudaram demais na infância provavelmente serão conscientes demais dos problemas resultantes. Um exemplo típico é o dos filhos de militares, cuja profissão os obriga a ficar mudando de uma base para outra. Os filhos de militares a quem prestei aconselhamento geralmente expressam sentimentos de falta de raízes. Eles dizem que se sentem como estranhos em todo lugar, com a conseqüente sensação de falta de uma comunidade, ou então sentem dificuldade para encontrar uma vida estável. O resultado disso é que compartilhar na infância um ambiente semelhante é um importante indicador da probabilidade de compatibilidade — vocês têm, literalmente, um terreno comum. A distância entre o local de nascimento/crescimento e o do seu parceiro é uma maneira de medir essa tendência para a semelhança emocional. Embora não seja uma ciência exata, você pode descobrir que esse exercício em grande parte é um estímulo à reflexão.

O Teste

1 Encontre um mapa com a escala maior possível que dê para mostrar tanto a sua "comunidade" quanto a do seu parceiro, e meça a distância em linha reta entre ambas com uma régua. Preste muita atenção à escala do mapa e use essa escala para converter a sua medida em quilômetros. A parte mais difícil deste teste pode ser decidir onde fica a sua "comunidade". O seu lugar de "origem" é puramente subjetivo. Para a maioria das pessoas, pode ser uma questão bem simples, mas para algumas é difícil decidir entre a cidade, um bairro ou região. Na dúvida, use o lugar onde você recebeu a maior parte da sua educação.

2 No seu mapa, ou em outro de escala maior, meça a distância entre as duas maiores cidades do seu país. Use a escala para converter a medida em quilômetros. Se vocês são de países diferentes, use a distância entre os países.

3 Em seguida, divida o primeiro valor obtido pelo segundo para obter a sua "distância relativa de origem" (DRO). Esse cálculo dá um resultado que considera a dimensão geográfica do país e a densidade populacional.

VOCÊS SÃO COMPATÍVEIS SOCIAL E ECONOMICAMENTE?

INTERPRETAÇÃO DOS RESULTADOS

DRO de 0,5 ou menos Você e o seu parceiro são altamente compatíveis em termos geográficos.
DRO de 0,5-1 Compatibilidade geográfica intermediária.
DRO de mais de 1 Baixa compatibilidade geográfica. Você precisa usar um pouco de bom senso para filtrar os seus resultados, porque a distância cultural pode ser muito maior que a distância física. Por um lado, ainda que uma distância de 1.000 quilômetros separe duas pequenas cidades no Nordeste brasileiro, seus habitantes podem compartilhar uma porção de pontos em comum. Por outro lado, algumas regiões da Europa estão a menos de 50 quilômetros de distância, mas o abismo cultural entre elas muitas vezes é imenso.

O QUE FAZER EM CASO DE DESARMONIA

A inadequação quanto aos antecedentes geográficos pode ser uma fonte de conflito pela maneira como eles colorem a sua visão de mundo e lhe dão diferentes experiências para enfrentar a vida. Obviamente, vocês não podem mudar a região de origem, mas este é outro bom exemplo de teste que pode ajudar a melhorar a sua compatibilidade estimulando a reflexão. Considerem o que os seus antecedentes geográficos têm em comum, assim como o que os diferencia. Um bom exercício é fazer uma lista atribuindo as classificações "Em Comum" e "Diferente".

Por exemplo, se você não consegue entender por que o seu parceiro acha tão estressantes os sábados de compras no shopping center, pare e considere que ele pode não se sentir à vontade no meio de uma multidão tanto quanto você. Ou se o seu parceiro não entende por que você ficou com uma comichão nos pés depois de uma semana sem fazer nada na praia, explique que você se acostumou a um pouco mais de atividade e a sua inquietação não é uma crítica ao relacionamento.

O Teste das Amizades

Você não pode escolher a sua família, mas pode escolher os seus amigos; portanto, é explicável que eles revelem tanto sobre você quanto o histórico familiar que consideramos na parte anterior deste livro. Aqui tratamos primeiro dos seus padrões de amizade e depois do que realmente um pensa sobre os amigos do outro.

Como um irmão/irmã

Muito bons amigos

Amigos

Teste 1: Padrões de Amizade

Você é do tipo de pessoa que só tem alguns poucos amigos íntimos, ou tem um grande círculo de conhecidos? Use o Disco da Amizade para comparar o seu padrão de amizades com o do seu parceiro.

COMO USAR O DISCO DA AMIZADE

Procure lembrar-se de todos os seus amigos. Para cada amigo, inclua um símbolo na camada que corresponda mais exatamente ao seu grau de proximidade com essa pessoa. Use o símbolo masculino para os amizades com homens e o símbolo feminino para as amizades com mulheres. Em seguida, use o seu disco para responder às perguntas a seguir e compare as suas respostas com as do seu parceiro.

♀ Símbolo feminino   ♂ Símbolo masculino

• **Quantos amigos vocês têm no total?**
Uma diferença grande pode indicar que um de vocês é mais introvertido e menos sociável que o outro. Mais amigos significa mais exigências de tempo, o que poderia causar conflito sobre quanto tempo passar juntos.

• **Quantos dos seus amigos caem na zona central?**
Essas são as pessoas que, em alguns sentidos, competem em atenção e afeto com o parceiro. Uma diferença sugere que vocês pensam nos seus amigos para satisfazer necessidades diferentes. Aqueles que têm amigos muito íntimos podem estar procurando um tipo de família substituta; as pessoas sem nenhum amigo esperam que a família ou o parceiro atendam a toda a intimidade e afeto de que necessitam.

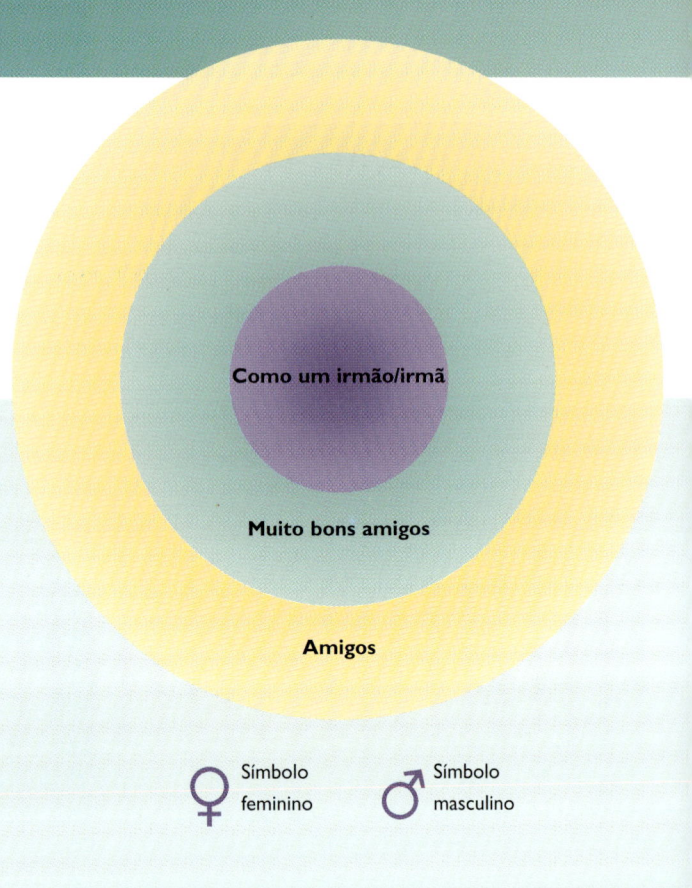

• **Qual é a proporção entre mesmo sexo e sexo oposto entre os seus amigos?**
Uma diferença neste caso sugere que você e o seu parceiro têm visões diferentes quanto às relações por sexo (quanto à questão: "podem homens e mulheres ser apenas amigos?"). As conseqüências óbvias disso podem ser desconfiança e suspeita.

• **Quantos membros da sua família você colocaria na zona central?**
Uma diferença aqui sugere que vocês têm atitudes diferentes em relação à própria família. Se um de vocês é muito mais próximo dos irmãos, irmãs, primos etc. do que o outro, este, por sua vez pode não se sentir à vontade passando muito tempo com os contraparentes.

VOCÊS SÃO COMPATÍVEIS SOCIAL E ECONOMICAMENTE

Teste 2: O Que Você Pensa dos Amigos do Seu Parceiro?

Abaixo são apresentadas algumas situações sociais comuns. Para responder às perguntas, aplique o que você passou com os amigos do seu parceiro nessas ocasiões — se não viveu exatamente uma situação dessas, tente se lembrar de alguma outra semelhante, ou recorra ao que conhece dessas circunstâncias para imaginar a situação.

1 Você está num jantar com o seu parceiro e os amigos dele. A conversa se encaminha para a política e respectivas atitudes pessoais nesse campo. Qual das alternativas abaixo caracteriza melhor as respostas dos amigos do seu parceiro?

a *Pretensiosas.*
b *Idiotas.*
c *Interessantes.*
d *Intolerantes.*

2 Você está num bar com o seu parceiro e amigos dele. É tarde da noite, consumiu-se muito álcool e o volume da música está aumentando. Qual das alternativas abaixo descreve melhor o modo como os amigos do seu parceiro se comportam?

a *Eles aproveitam para se divertir.*
b *Eles passam do limite.*
c *Eles são entediantes.*
d *Eles se comportam de maneira inadequada.*

3 Um velho amigo do seu parceiro (do sexo oposto) viajou no fim de semana com vocês. De que modo ele/ela age em relação ao seu parceiro?

a *Insinuante.*
b *Possessivo.*
c *Solidário.*
d *Reservado.*

4 Você está num jantar com um grupo de amigos do seu parceiro e os respectivos parceiros. Você logo descobre que a festa se divide em panelinhas do mesmo sexo — o seu grupo começa a comentar sobre drogas. O que passa pela sua cabeça?

a *Que tédio — esse pessoal envelheceu antes do tempo.*
b *Que tédio — esse pessoal é tolo e imaturo.*
c *Poderia ser uma conversa interessante se alguns deles parassem de falar sobre si mesmos por um segundo.*
d *Ao menos alguns deles têm o meu nível.*

INTERPRETAÇÃO DOS RESULTADOS

Marque 1 ponto para as seguintes respostas apenas: 1 c; 2 a; 3 c; 4 d. Quantos pontos você obteve? Se você somou 2 pontos ou menos, parece que você não considera muito os amigos do seu parceiro.

O QUE FAZER EM CASO DE DESARMONIA

Muito bem, então você não se dá bem com os amigos do seu parceiro — não entre em pânico. Concentre-se nos amigos com os quais se dá bem e procure melhorar a sua própria vida social como uma alternativa para que não se sinta abandonado se ele sair sem você. E melhor ainda, procure construir junto com o parceiro um novo ambiente social; assim vocês podem fazer novos amigos como um casal. Tome cuidado, no entanto, ao tentar "remodelar" o modo como o seu parceiro escolhe os amigos ou propor ultimatos do tipo "ou eles ou eu".

Vocês Têm os Mesmos Antecedentes Étnicos?

Embora a etnicidade constitua um aspecto a ser considerado, felizmente esse é um aspecto muito menos importante entre os casais atuais do que foi historicamente. No entanto, ainda acontece de a origem étnica exercer uma influência significativa na compatibilidade.

Ao longo das últimas décadas, a maioria das sociedades do Ocidente têm tentado tornar-se multiculturais, muito embora seja fácil superestimar o número de casamentos mistos: a maioria das pessoas ainda encontra o parceiro em alguém do mesmo grupo étnico. Do ponto de vista social, essa afinidade pode não ser uma coisa assim tão boa, uma vez que comunidades étnicas isoladas podem levar a uma série de problemas sociais; mas em termos de relacionamento ela se encaixa bem na Lei da Semelhança, segundo a qual uma origem étnica semelhante significa que você e o seu parceiro têm maiores probabilidades de compartilhar antecedentes sociais e culturais semelhantes quanto a valores, ética, aspirações, estética, dinâmica familiar e atitudes em relação ao dinheiro.

O Questionário

A forma mais simples e óbvia do teste de etnicidade é descrever seus antecedentes étnicos e ver se eles combinam com os do seu parceiro; mas a sua descrição provavelmente tomará atalhos e não levará em conta o fato de que algumas pessoas adotam efetivamente a etnicidade do parceiro, mesmo quando não a compartilham. O questionário abaixo propõe um enfoque mais complexo.

1 Você e o seu parceiro se relacionam com os seus pais de modo semelhante?

a *Sim — nós dois amamos e respeitamos os nossos pais, mas sentimos que eles deveriam nos deixar viver a nossa própria vida.*

b *Sim — nós dois temos consciência de que os pais devem vir sempre em primeiro lugar.*

c *Não — nós discordamos sobre quanta influência os nossos pais devem exercer sobre nós, agora que somos adultos.*

2 Como você e o seu parceiro se sentem quanto ao tipo de alimento que as suas famílias costumam preparar?

a *Vocês dois apreciam uma grande variedade de estilos culinários.*

b *Vocês desconfiam da comida que não seja feita da maneira como vocês costumavam ter em casa.*

c *Um de vocês não consegue suportar as receitas da outra família.*

3 Você ou o seu parceiro usa a língua ou gíria estrangeira que pertence à sua origem étnica (como espanhol, iídiche, hindi), especialmente ao falar com parentes?

a *Não ou Sim — mas vocês não se importam muito com isso.*

b *Sim — um de vocês, ou ambos, fazem isso e o outro está se esforçando para aprender.*

c *Um de vocês faz isso e o outro não, e este último não gosta/sente-se excluído.*

4 Como você e o seu parceiro se sentem quanto aos respectivos contraparentes?

a *Convivem bem com eles quando se encontram ocasionalmente.*

b *Encontram-se bastante e se sentem muito envolvidos em suas vidas e vice-versa.*

c *Discordam sobre quanto ao papel que devem representar na sua vida.*

5 De que maneira vocês, como um casal, acham que os seus filhos deveriam ser criados, caso decidam ter filhos? Se essa for uma parte fundamental dos seus antecedentes étnicos, vocês farão com que sejam circuncidados/batizados/confirmados etc.?

a *Ambos acham que os filhos devem ser criados de maneira esclarecida, que não privilegie uma cultura sobre a outra; assim, não seguiriam as tradições.*

b *Ambos acham que é importante para os filhos serem criados em pelo menos uma das tradições culturais.*

c *Discordam quanto aos filhos serem criados numa tradição cultural ou qual tradição seguir.*

VOCÊS SÃO COMPATÍVEIS SOCIAL E ECONOMICAMENTE?

6 Como a família do seu parceiro reagiu a você e vice-versa?
a As duas famílias foram gentis e amáveis.
b A sua família recebeu o seu parceiro no seu seio coletivo e vice-versa.
c Uma ou ambas as famílias mostraram-se reservadas ou até mesmo hostis.

7 Como você e o seu parceiro se sentem em relação às tradições culturais (por exemplo, refeições em família, cerimônias religiosas etc.)?
a Elas são interessantes e divertidas quando acontecem, mas não ocupam grande parte da sua vida.
b Elas são muito importantes e ajudam a definir a identidade de vocês, tanto como indivíduos quanto como um casal.
c Um de vocês se envolve com muito mais intensidade do que o outro.

8 Até que ponto os grupos étnicos deveriam ser assimilados na sociedade predominante?
a Ambos concordam que a cultura principal deve ser a dominante e que as minorias devem ser assimiladas até certo ponto.
b Ambos concordam que os grupos étnicos correm um grave risco de perder sua identidade individual e devem se esforçar para evitá-lo.
c Discordam sobre qual seria um limite razoável de assimilação.

9 Você e o seu parceiro concordam sobre questões de igualdade no casamento (ou no relacionamento)?
a Sim — ambos concordam que os parceiros devem ter papéis e responsabilidades iguais, pelo menos em princípio.
b Sim — concordam que a vida familiar deve ser dividida em esferas de responsabilidade.
c Não — diferem quanto aos respectivos papéis e responsabilidades.

INTERPRETAÇÃO DOS RESULTADOS

Maior número de As Você e o seu parceiro são etnicamente compatíveis — nenhum de vocês tem sentimentos radicais a respeito da etnicidade. Quando há divergências, um fica feliz por ser diferente do parceiro.

Maior número de Bs Você e o seu parceiro são etnicamente compatíveis — vocês dois têm uma origem étnica em comum. Mesmo que não compartilhem os antecedentes de saída, um de você não mede esforços para adotar as tradições culturais do outro.

Maior número de Cs Vocês talvez possam ser etnicamente incompatíveis — um acha a etnicidade do outro ou a falta dela uma espécie de bloqueio. Talvez um se sinta alienado ou discorde em princípio com os pontos de vista ou as tradições do parceiro.

O QUE FAZER EM CASO DE DESARMONIA

A incompatibilidade étnica pode ser uma séria barreira para um relacionamento longo, pois envolve outros aspectos da vida e a família. Ter de escolher entre o parceiro e os pais, por exemplo, pode causar uma tensão intolerável mesmo na pessoa mais equilibrada. Lembrem-se também de que muitas pessoas que se distanciam da sua herança étnica na juventude geralmente pensam em readotá-la quando ficam mais velhas. Eis algumas estratégias a serem adotadas para evitar o antagonismo:

- Expressem os pontos sobre os quais não concordam e procurem resolver quando ambos estiverem calmos; não os usem como munição numa discussão, quando podem ser ditas coisas para magoar.
- Não deixem o desentendimento sobre questões étnicas ser encoberto por problemas que não dizem respeito ao assunto.
- Consinta em discordar sobre algumas questões. Nem toda questão étnica é um "entrave". Se o seu parceiro não gosta de caldo de galinha da maneira como a sua avó fazia, não deixe que isso arruíne o seu relacionamento.
- Questões sérias são coisas como converter-se a uma religião e como criar os filhos. Discuta essas questões tão logo o relacionamento se torne suficientemente sério, porque vocês precisam estabelecê-las. Depois de terem chegado a um acordo, submetam-se às conseqüências desse acordo.

Vocês Têm as Mesmas Crenças?

As pesquisas sobre compatibilidade mostram que uma das influências mais importantes no assunto é a combinação dos sistemas de crenças. As crenças religiosas e espirituais são a base não só para a sua personalidade como também para a sua atitude em relação à vida e ao seu sistema de valores morais. As crenças são uma das maiores questões sobre as quais as pessoas acham difícil se comprometer; portanto, é claro que faz sentido que sejam tão importantes para determinar quem pode ser um parceiro conveniente.

Talvez a maneira mais fácil de "verificar" se os seus sistemas de crenças são compatíveis é comparar as suas religiões, e as estatísticas mostram que muitas pessoas fazem exatamente isso — a maioria dos casamentos acontece entre pessoas que compartilham uma mesma formação e/ou postura religiosa. Na prática, entretanto, as pessoas de religiões diferentes (e eu incluo agnósticos, ateus, humanistas etc. nesse termo) podem achar que têm uma porção de coisas em comum em termos espirituais e morais. É por isso que este teste indaga sobre as suas convicções religiosas e espirituais em geral, em vez de perguntar sobre uma determinada religião.

O Teste

Classifiquem cada afirmação dependendo de até que ponto vocês concordam ou discordam dela, usando a seguinte escala:
1 Discordo veementemente
2 Discordo
3 Nem concordo nem discordo
4 Concordo
5 Concordo veementemente

(Quando uma afirmação usa a palavra "Deus", leia-se força divina ou energia superior, se você segue um sistema de crenças não predominante.)

1 Eu acredito em Deus.
1 2 3 4 5

2 Eu acho que as religiões fazem um grande mal ao mundo.
1 2 3 4 5

3 Eu acredito em milagres.
1 2 3 4 5

4 Eu acredito na Bíblia/no Corão/em outro código de leis semelhante.
1 2 3 4 5

5 Eu acredito que as religiões são principalmente superstição e cerimoniais ridículos.
1 2 3 4 5

6 Eu acredito que Deus criou o Universo.
1 2 3 4 5

7 Eu acredito que Deus zela por nós.
1 2 3 4 5

8 Eu acredito que os valores morais são basicamente determinados por Deus ou por algum outro poder superior.
1 2 3 4 5

9 Eu acredito que os valores morais são determinados pela sociedade.
1 2 3 4 5

10 Eu acredito que existe um propósito para todas as coisas.
1 2 3 4 5

11 Eu acredito que não estamos sozinhos no Universo.
1 2 3 4 5

12 Eu acredito em alguma forma de destino, karma ou sina.
1 2 3 4 5

VOCÊS SÃO COMPATÍVEIS SOCIAL E ECONOMICAMENTE

13 Eu acredito que os pecadores são punidos e que as boas ações são recompensadas.

| 1 | 2 | 3 | 4 | 5 |

14 Eu acredito na vida depois da morte.

| 1 | 2 | 3 | 4 | 5 |

15 Eu acredito que a vida nada mais é que um conjunto de moléculas sem nenhum propósito superior.

| 1 | 2 | 3 | 4 | 5 |

16 Eu acredito que toda lei deve ter como base a moral e a ética religiosas.

| 1 | 2 | 3 | 4 | 5 |

17 Eu acredito no céu ou num lugar equivalente.

| 1 | 2 | 3 | 4 | 5 |

18 Eu acredito que vale a pena ir à igreja/à mesquita/ao templo/etc.

| 1 | 2 | 3 | 4 | 5 |

19 Eu acredito que é bom criar os filhos dentro de uma tradição religiosa.

| 1 | 2 | 3 | 4 | 5 |

20 Eu acredito que os padres/homens santos merecem respeito.

| 1 | 2 | 3 | 4 | 5 |

21 Eu acredito que a fé religiosa é uma bênção.

| 1 | 2 | 3 | 4 | 5 |

22 Eu acredito que uma pessoa é o produto do seu cérebro e do seu corpo, e que não tem nenhuma essência, alma, espírito etc. superior.

| 1 | 2 | 3 | 4 | 5 |

INTERPRETAÇÃO DOS RESULTADOS

Some os seus pontos, com exceção dos relativos às afirmações 2, 5, 9, 15 e 22. Essa soma é o seu primeiro total. Antes de somar as afirmações 2, 5, 9, 15 e 22, subtraia cada um dos resultados de 6; só então some esses resultados corrigidos. Essa soma é o seu segundo total. Depois, some as duas somas para obter o total geral (pontuação máxima possível: 110). Esse total geral representa a sua classificação quanto à crença/fé. Agora, compare a sua classificação com a do seu parceiro e encontre a diferença. Essa é a sua classificação de compatibilidade na dimensão crença/fé.

0-30 Altamente compatíveis com relação às crenças. Você e o seu parceiro compartilham sistemas de crenças semelhantes; portanto, vocês devem ser capazes de evitar divergências metafísicas importantes.

30-60 Compatibilidade intermediária. Vocês podem ter convicções religiosas divergentes ou discordar em relação a detalhes das suas crenças, mas compartilham uma orientação moral comum. Procurem ter isso em mente se ocorrerem discussões sobre assuntos de crença ou religião.

Acima de 60 Baixa compatibilidade quanto aos sistemas de crenças. Pode haver uma atração no nível físico, mas quando chegar a vez do plano superior vocês decolarão em direções opostas — podem até mesmo entrar em curso de colisão!

O QUE FAZER EM CASO DE DESARMONIA

Essa é uma questão complicada, porque as convicções religiosas, espirituais e morais não são coisas nas quais se possa ou se deva necessariamente fazer concessões. Por outro lado, as questões que acabamos de considerar não são do tipo que aparecem a todo momento na vida diária; portanto, vocês devem equilibrar a teoria com a prática. Acima de tudo, numa questão importante como essa, vocês precisam ir mais fundo, além do que um teste como esse pode proporcionar. Encontrem tempo para discutir o assunto em profundidade, para saber até que ponto o seu modo de pensar é realmente diferente.

Dinheiro É Problema no Seu Relacionamento?

O dinheiro pode não ser a origem de todos os males, mas quando se trata de relacionamentos, ele aparece como a causa número um da discórdia. Uma pesquisa recente mostrou que mais de um terço de todos os casais cita o dinheiro como a principal fonte de discussões. O dinheiro colocou-se à frente de filhos, do trabalho ou dos parentes. Acima de tudo, uma proporção significativa de pessoas em relacionamentos mantêm reservas secretas de dinheiro para gastar principalmente consigo mesmas. Na proporção de uma em cada dez, esse dinheiro escondido é na verdade guardado "para o caso de divórcio ou separação". Muitas nem contam ao parceiro que receberam uma quantia inesperada. Sim, o dinheiro é um dos assuntos menos românticos que se possa imaginar. No início do envolvimento amoroso, sua avaliação sobre as perspectivas

Teste 1: Ganhos Reais

Este teste considera a discrepância entre os seus salários. Neste caso, basta dividir o maior salário pelo menor. Com isso obtém-se um número maior do que 1, que é a proporção dos seus ganhos.

Se um de vocês assume o papel de dona-de-casa, veja como fazer o cálculo. Se a atitude de vocês como um casal é de que todo o dinheiro ganho por qualquer um de vocês constitui a renda conjunta e é dividido igualmente, então a sua proporção salarial é 1. Ou então, aquele que não recebe um salário pode atribuir um custo ao seu trabalho em casa e dizer que esse é o seu salário, e assim usar esse valor no cálculo da sua proporção.

INTERPRETAÇÃO DOS RESULTADOS

Proporção salarial 1-1,5 Equivalentes
Proporção salarial 1,5-2,25 Ligeira discrepância
Proporção salarial 2,25 e acima Grande discrepância

Quanto mais os seus ganhos se equivalem, menos combustível existe para possíveis desentendimentos sobre dinheiro ou gastos. Quanto maior a discrepância entre os seus ganhos, maior a probabilidade de que decisões conflitantes em relação ao dinheiro possam causar divergências. Em outras palavras, quanto maior a proporção entre os salários, menor será a sua classificação de compatibilidade.

Teste 2: Posturas quanto ao Dinheir

Responda às perguntas e calcule os seus pontos de acordo com a orientação ao lado; depois, peça ao seu parceiro para fazer o mesmo. Em seguida, interpretem os resultados com base na diferença entre os seus pontos.

1 Você vê uma peça de roupa que lhe agrada, mas sabe que há uma porção de contas a pagar no mês e o dinheiro está curto. Você:
a *Compra assim mesmo! É apenas dinheiro e você merece um presente.*
b *Compra, mas depois fica com uma sensação de culpa e diz ao parceiro que se envergonha do que fez.*
c *Desiste de comprar.*

2 O que você acha que é mais importante:
a *Ser generoso e não se preocupar com dinheiro?*
b *Ser generoso com grandes coisas e sensato no dia-a-dia?*
c *Ser generoso mesmo sem condições para isso?*

3 Você se encontra com os amigos para um aperitivo rápido, mas eles sugerem um jantar caro. Você sabe que o seu parceiro se preocupa com o dinheiro. Você:
a *Concorda — não pode abandonar os amigos só por causa de algum dinheiro.*
b *Leva os amigos para outro lugar mais barato.*
c *Pede desculpas e se limita ao aperitivo rápido.*

4 Qual a sua atitude em relação à poupança?
a *Ainda não ganho o suficiente para começar uma poupança.*
b *Normalmente, consigo economizar algo todo mês.*
c *Economizo uma quantia razoável todo mês.*

VOCÊS SÃO COMPATÍVEIS SOCIAL E ECONOMICAMENTE

a longo prazo do relacionamento pode ser toldada pela emoção e também por noções de oportunidade — parece inadequado ficar pensando nas vantagens que se pretenda obter. Mas, tão logo é superada a etapa inicial do romance e as realidades de uma parceria duradoura se dão a conhecer, você descobre que o dinheiro é importante tanto para vocês como casal como para cada um como indivíduos.

5 Se ganha mais do que o seu parceiro, você pensa:
a *Tenho de gastar mais do que o meu parceiro.*
b *Tenho de me assegurar de que o meu parceiro receba uma parte justa.*
c *Mereço ter mais influência sobre como o nosso dinheiro é gasto.*

6 Você comprou recentemente uma caixa enorme de cereais, mas quando chegou em casa viu que o saco interno estava aberto e o cereal estragado. Você:
a *Joga tudo fora e pensa em comprar em outro lugar da próxima vez.*
b *Diz que vai devolver e pedir um reembolso, mas provavelmente se cansa de ver o pacote na cozinha e joga fora.*
c *Guarda a embalagem até a próxima visita mensal à loja e, então, devolve e pede o reembolso.*

7 Se vocês dois recebem salários, mas o seu parceiro ganha muito mais do que você e chega uma conta grande sobre algo relativo aos dois, você pensa:
a *O meu parceiro pagou a última conta (de valor menor), então vou pagar esta.*
b *Devíamos dividir a conta meio a meio.*
c *Devíamos dividir a conta proporcionalmente aos nossos salários.*

8 O seu parceiro se queixa de que o seu aparelho de som de alta qualidade está ficando ultrapassado. Você concorda que o aparelho parece um pouco velho, mas ainda funciona bem. Você:
a *Compra um novo aparelho de alta qualidade.*
b *Compra um aparelho novo — mas não do mesmo nível.*
c *Resiste a substituir o aparelho, pois ainda está muito bom.*

INTERPRETAÇÃO DOS RESULTADOS

Marquem 6 pontos para cada a, 4 para cada b, e 2 para cada c. Em seguida, calcule a diferença entre os seus pontos — essa é a sua classificação quanto a compatibilidade financeira.

0-10 Você e o seu parceiro são altamente compatíveis em termos da sua atitude em relação ao dinheiro. Isso pode significar que ambos são ou extremamente cautelosos ou extremamente perdulários, mas pelo menos vocês se entendem. Se surgirem problemas financeiros, pelo menos vocês concordam sobre como enfrentá-los.

11-20 Você e o seu parceiro têm algumas diferenças em relação ao dinheiro. Talvez vocês concordem sobre os aspectos mais importantes da administração do dinheiro, mas não sobre os detalhes.

21-32 As atitudes de vocês quanto ao dinheiro não combinam, e isso pode causar graves problemas de compatibilidade. Um parceiro provavelmente pensa que o outro é mesquinho — raramente uma característica atraente — enquanto o outro parceiro provavelmente pensa que o primeiro é irresponsável e possivelmente egoísta — também características desagradáveis e que podem causar uma verdadeira ansiedade quando estão em jogo assuntos de dinheiro.

O QUE FAZER EM CASO DE DESARMONIA

É muito importante que os parceiros conversem sobre dinheiro e assuntos financeiros porque isso pode facilmente ter graves conseqüências fora do âmbito emocional, assim como dentro dele. Praticamente, metade dos casais na pesquisa mencionada anteriormente desaprovavam a maneira como o parceiro usava o dinheiro. Uma minoria significativa (13 por cento) escondia as informações sobre quanto ganhava por ano. É fácil ficar desconfiado no campo financeiro, porque o desgaste das disputas podem ser medidos exatamente em reais e centavos. Se o seu parceiro "desperdiça o seu dinheiro", isso pode ser anotado no livro-caixa da vida como um número. Muitos casais acham difícil falar sobre dinheiro porque temem parecer materialistas, mercenários ou não românticos. É por isso que é uma ótima idéia seguir as Regras para o Diálogo Construtivo (veja as págs. 154-5), porque essas regras oferecem um meio de conversar sobre questões delicadas sem precisar partir para o lado pessoal.

O Teste da Carreira

A sua carreira é fundamentalmente importante para o relacionamento. Ela determina quanto dinheiro você tem a probabilidade de ganhar, que tipo de estilo de vida espera e que tipo de horário vai ter. Mais importante ainda, ela determina as suas prioridades com relação ao estilo de vida. Você será um eterno garotão de praia ou um banqueiro? Se a sua carreira já é importante para você como pessoa, pense no quanto mais deve significar para o seu relacionamento a longo prazo!

Em geral, os casais se formam relativamente cedo na vida, antes de a carreira profissional ter decolado. Isso significa que, embora a evolução da carreira seja uma das maiores fontes de mudanças no relacionamento, também é um dos potenciais mais difíceis de serem avaliados nas etapas iniciais da relação. É por essa razão que o questionário resumido a seguir avalia os seus planos e metas, assim como a sua posição atual na carreira.

O Questionário

A cada pergunta, faça uma escolha para si e outra para o seu parceiro. Calcule a pontuação do questionário comparando a sua resposta e a do seu parceiro a cada pergunta. Se elas coincidirem, marque um ponto. Se não coincidirem, não marque nada.

1 Você decidiu ou sabe em que área gostaria de fazer carreira?
  Sim.   *Não.*

2 Em que ponto da carreira você se encontra no momento?
- *Não comecei ainda / acabei de começar.*
- *Estou bem-encaminhado.*

3 Sua carreira atual/preferida tem mais a ver com trabalhar para os outros ou com trabalhar para si mesmo?
  Outros.   *Eu mesmo.*

4 Sua carreira atual/provável promove a realização pessoal do ponto de vista da criatividade?
  Mais para sim.   *Mais para não.*

5 Você está num momento especialmente delicado da carreira, que requer quatro meses de trabalho além do horário ou nos fins de semana, mas na metade desse período o seu parceiro se queixa de que vocês não estão se vendo o suficiente. O que você faz?
- *Explica que serão só mais dois meses nessa situação.*
- *Tenta desmarcar algumas horas de trabalho, ainda que a sua carreira saia prejudicada.*

6 Em termos de carreira, é importante para você ganhar muito dinheiro.
  Mais para sim.   *Mais para não.*

7 É importante para você chegar ao topo da carreira.
  Mais para sim.   *Mais para não.*

8 É importante para você obter o reconhecimento no seu campo de atividade.
  Mais para sim.   *Mais para não.*

9 Você está concentrado e decidido a atingir as metas da sua carreira.
  Mais para sim.   *Mais para não.*

10 O que é mais importante na sua carreira?
  Segurança.   *Realização.*

11 Se o seu trabalho significar mudar-se para o exterior por um período significativo, você concordaria em fazê-lo?
  Sim.   *Não.*

12 Você tem em mente um cronograma da sua carreira?
  Sim.   *Não.*

13 Você acha que ao menos um parceiro terá de interromper a carreira caso vocês venham a ter filhos?
  Mais para sim.   *Mais para não.*

14 Pensando no futuro, quando você acha que pode querer se aposentar?
  Mais cedo.   *Mais tarde.*

VOCÊS SÃO COMPATÍVEIS SOCIAL E ECONOMICAMENTE?

INTERPRETAÇÃO DOS RESULTADOS

Some os seus pontos e classifique o resultado de acordo com os seguintes critérios:

0-5 Vocês têm um grau elevado de incompatibilidade no que se refere à carreira profissional. Isso é grave! Você e o seu parceiro seguem em direções diferentes e o desacordo entre as suas prioridades tende a piorar. Vocês têm valores e metas diferentes — diferenças fundamentais, que poderiam ser difíceis de conciliar. Vocês precisam fazer um profundo exame de consciência antes de se comprometer a longo prazo.

6-10 Você e o seu parceiro têm algumas diferenças a serem superadas antes de poder se assegurar de que vocês dois vão pelo mesmo caminho com relação a importantes decisões/planos de vida. Mas se vocês se concentrarem nas semelhanças, poderão ver que compartilham algumas importantes atitudes e aspirações. Isso é um exemplo de uma área em que alguma complementaridade pode ser uma boa coisa e até mesmo melhorar a sua compatibilidade a longo prazo. Alguns dos casais mais bem-sucedidos são aqueles em que um parceiro se encaixa no modelo tradicional de profissional de negócios e o outro segue um caminho mais criativo.

11-14 Altamente compatíveis. Você e o seu parceiro concordam sobre muitas das "coisas grandes" da vida e compartilham valores, metas e prioridades semelhantes. O único perigo é vocês estarem os dois num extremo do espectro da carreira — ambos obsessivamente motivados pela carreira ou ambos relaxados e sem direção — pois podem não ser capazes de contrabalançar os excessos do outro, mas também não se importar com isso de qualquer maneira.

O QUE FAZER EM CASO DE DESARMONIA

As incompatibilidades mais importantes não são fáceis de resolver, mas podem ser superadas. Para fazer as coisas funcionar, vocês vão precisar ser sensíveis e tolerantes um com o outro, mantendo esse cuidado por todo o tempo durante o relacionamento. Obviamente, vocês devem conversar, negociar e chegar a uma conciliação sobre os problemas mais importantes, mas para fazê-lo de maneira produtiva vocês precisam estabelecer regras básicas. As Regras para o Diálogo Construtivo (veja as págs. 154-5) podem ajudar, mas eis algumas boas orientações:

• Não existe uma postura certa ou errada quanto à carreira, e a sua não é nem melhor nem pior que a do seu parceiro.

• Assuntos como esses não podem ser resolvidos numa simples conversa ou da noite para o dia. Concordem em começar um processo de troca de idéias sobre esses problemas.

• Tentem remodelar suas diferenças de maneira que sejam mutuamente complementares (veja as págs. 8-9).

Vocês Têm as Mesmas Opiniões Políticas?

Uma pesquisa realizada por uma agência de encontros da Internet revela que um dos sete mais importantes critérios de compatibilidade entre as mulheres é a política; especificamente, as pessoas querem que as opiniões políticas dos seus parceiros combinem com as delas. O mesmo resultado não se aplica aos homens: eles têm muito menor probabilidade de se incomodar caso elas votem de maneira diferente. Não obstante, esse é um problema importante para uma das metades do casal; então, é um problema importante para o casal como um todo.

O Questionário

A maneira mais simples de comparar as suas opiniões políticas obviamente é observar em que partido vocês votariam se houvesse uma eleição amanhã, mas a interpretação do resultado depende do panorama político no país. Nos Estados Unidos, por exemplo, existem basicamente dois partidos, o que limita as opções ao dar uma resposta, e isso de qualquer maneira não é necessariamente muito informativo — os dois partidos em si têm opiniões bem parecidas em relação a um número de questões, embora o espectro de opiniões representadas embaixo de cada guarda-chuva seja considerável. Problemas semelhantes se aplicam a muitos outros países.

Um teste mais produtivo é o que avalie as suas opiniões sobre uma série de questões políticas no sentido de posicionar vocês no espectro liberal-conservador. Compare o seu resultado neste teste com os do seu parceiro e use a diferença para apurar a sua classificação quanto à compatibilidade neste campo.

1 A quem pertencem os impostos coletados pelo governo?
a *A você e a todos os que pagam os impostos.*
b *Ao governo e ao país.*

2 Você apóia o uso de manifestações pacíficas?
a *Sim.*
b *Não.*

3 Você acredita que os grupos minoritários são representados de maneira adequada nos altos escalões do governo?
a *Sim.*
b *Não.*

4 Você acha que a Terceira Guerra Mundial não aconteceu por causa ou a despeito do armamento nuclear acumulado desde a Segunda Guerra Mundial?
a *A despeito.*
b *Por causa.*

5 As pessoas nascidas no país têm mais direito do que as que migraram para o país na idade adulta?
a *Sim.*
b *Não.*

6 Você apóia o direito de escolha das mulheres (como no caso do aborto)?
a *Sim.*
b *Não.*

7 Você é a favor da pena de morte em caso de crimes extremos?
a *Sim.*
b *Não.*

8 Qual é a maior injustiça: um homem culpado inocentado ou um homem inocente considerado culpado?
a *A anterior.*
b *A posterior.*

VOCÊS SÃO COMPATÍVEIS SOCIAL E ECONOMICAMENTE?

9 Você se preocuparia se o seu filho se casasse com alguém de outro grupo étnico/religioso/cultural?
a Sim.
b Não.

10 Você acredita que a resposta correta à decadência social é:
a Leis mais duras?
b Maiores gastos com programas sociais?

11 Você acredita que seja certo usar força letal contra pessoas que invadem a sua casa?
a Sim.
b Não.

12 Os políticos consideram suficientemente a vontade da maioria?
a Sim.
b Não.

13 Suas opiniões políticas mudaram muito ao longo da sua vida?
a Sim.
b Não.

14 Que tipo de líder político você valoriza mais?
a Aquele que governa pelo consenso (isto é, buscando um meio-termo entre as opiniões divergentes dos subordinados).
b Aquele que ouve as opiniões dos outros, mas toma as suas próprias decisões e depois as impõe aos subordinados.

INTERPRETAÇÃO DOS RESULTADOS

Use a escala abaixo para ver quais respostas contam 1 ponto. Depois, ache a diferença entre a sua pontuação e a do seu parceiro. Quanto mais alta a sua pontuação pessoal, mais à direita você se encontra no espectro liberal-conservador. No entanto, o que interessa no teste é observar a diferença entre a pontuação de vocês, o que dá o grau de compatibilidade entre você e o seu parceiro.

1 a	4 b	7 a	10 a	13 b
2 b	5 a	8 a	11 a	14 b
3 a	6 b	9 a	12 b	

Diferença menor que 4 Vocês são altamente compatíveis.
5-9 A sua compatibilidade é intermediária.
10-14 Vocês são incompatíveis politicamente.

O QUE FAZER EM CASO DE DESARMONIA

Se você e o seu parceiro apresentarem uma diferença de 10 pontos ou mais, então o parceiro do sexo feminino em especial poderá ter sérias dúvidas a respeito do relacionamento. Na visão masculina da incompatibilidade política, as opiniões políticas têm pouca influência prática sobre a vida diária do casal, mas isso nem sempre é verdadeiro. Opiniões contrárias quanto ao aborto, por exemplo, podem ser arrasadoras caso o parceiro do sexo feminino tenha uma gravidez acidental. E embora muito possa ser dito em relação a tolerar as diferenças individuais, a tendência de "com certeza podemos simplesmente concordar em discordar" pode ocasionalmente trazer alguns problemas graves. Um parceiro que mantenha esse tipo de ponto de vista precisa tomar muito cuidado porque, caso a outra metade não pense assim, haverá o risco de desconsiderar a necessidade de debate. Recusar-se a pelo menos ouvir as ansiedades do parceiro só irá reforçar a reação negativa dele.

Vocês Têm Planos de Vida a Longo Prazo?

Todas as questões examinadas nos seis testes anteriores ajudam a determinar as suas esperanças e sonhos em conjunto em relação ao futuro; as esperanças e sonhos que estão articulados no seu projeto de vida — o que você espera fazer na vida; e no seu cronograma de vida — quando você espera fazer o que quer. Comparar o seu projeto de vida com o do seu parceiro é um passo fundamental para decidir se convém ou não se comprometer no relacionamento.

O primeiro passo neste teste é refletir sobre o seu projeto de vida e o seu cronograma em relação aos seguintes sete setores:

- Filhos — Você quer ter filhos? Em caso afirmativo, quantos e quando?
- Família — Você quer ou precisa ficar próximo aos seus pais ou de outros parentes nos anos seguintes?
- Carreira — O Teste da Carreira analisou as suas atitudes e prioridades, mas e quanto aos seus planos atuais de carreira?
- Casa — Onde você quer morar a longo prazo, e que tipo de casa você gostaria de ter?
- Viagens — Para onde você espera viajar? Você tem planos de grandes viagens?
- Saúde — Qual é a sua avaliação sobre a sua saúde e aptidão física no futuro?
- Lazer — Fora da sua carreira, com o que mais você tem algum envolvimento, e o que isso pode significar em termos exatos sobre as diferentes etapas da sua vida?

Em cada um desses itens, pense no seu cronograma de vida daqui a cinco, dez, vinte, quarenta e sessenta anos no futuro. Agora você está pronto para responder ao questionário e calcular um resultado sobre a compatibilidade quanto ao seu cronograma de vida.

O Questionário

Você e o seu parceiro precisam responder ao questionário.

1 Quando vocês querem começar a ter filhos?
a Dentro de menos de 5 anos.
b Dentro de 5-10 anos.
c Dentro de 10-20 anos.
d Nunca.

2 Se um dos pais (ou ambos) do seu parceiro adoecer e tiver problema para se cuidar sozinho, o que você faria (considerando que tenha dinheiro suficiente)?
a Levá-lo(s) para morar com vocês.
b Morar próximo a ele(s) (um de vocês, ou ambos, mudando-se para a casa deles, se necessário) para poder ajudar.
c Interná-lo(s) numa clínica geriátrica ou asilo próximo de casa para poderem visitá-lo(s) com regularidade.
d Nada.

3 Quando você e o seu parceiro esperam estar bem estabelecidos nas suas carreiras para sentir-se financeiramente seguros?
a Em até 10 anos.
b Dentro de 10-20 anos.
c Dentro de 20-30 anos.
d Provavelmente nunca.

4 Qual período da sua carreira vocês esperam que seja mais intenso?
a O período já passou/os próximos 5-10 anos.
b Um período dentro de 10-20 anos.
c Um período dentro de 20-35 anos.
d Você só vai reduzir o seu envolvimento com o trabalho quando estiver velho demais para suportá-lo.

5 Considerando que você e o seu parceiro ainda não tenham casa, quando esperam comprar uma?
a Dentro de 5 anos.
b Dentro de 5-10 anos.
c Dentro de 10-20 anos.
d Daqui a mais de 20 anos/nunca.

6 Onde vocês gostariam de se estabelecer a longo prazo?
a No mesmo lugar (cidade/vila) onde mora.
b Num lugar diferente, mas na mesma região (por exemplo, mudando do centro para o subúrbio).
c Em outra região do país.
d Em outro país.

7 Em que tipo de bairro/região vocês gostariam de se estabelecer a longo prazo?
a No centro da cidade.
b Numa cidade pequena.
c Numa cidade do interior/litoral.
d Numa região isolada/selvagem.

VOCÊS SÃO COMPATÍVEIS SOCIAL E ECONOMICAMENTE

8 Que tipo de planos de viagens vocês têm para o futuro?

a Esperam tirar férias quando puderem arcar com as despesas.
b Esperam passar períodos de tempo regulares fora (como numa segunda casa) quando puderem arcar com as despesas.
c Esperam passar um longo período de tempo (no mínimo três meses) em algum lugar no exterior nos próximos anos, possivelmente por meio do trabalho, mas não necessariamente.
d Planejam sair em viagem/sem destino por um ano ou mais num futuro próximo.

9 Que tipo de providências em relação à saúde vocês gostariam de tomar nas próximas duas décadas?

a Parar de fumar e diminuir a bebida; seguir uma dieta apenas de alimentos saudáveis; praticar exercícios no mínimo três vezes por semana.
b Parar de fumar; parar de beber; alimentar-se da maneira mais saudável possível; tentar exercitar-se regularmente.
c Parar de fumar; controlar o peso.
d Nada.

10 Ao longo dos próximos vinte anos, quanto do seu tempo de lazer vocês esperam dedicar a passatempos, esportes ou outras atividades fora da família e carreira?

a Menos de 20 por cento.
b 20-40 por cento.
c 40-70 por cento.
d Mais de 70 por cento.

INTERPRETAÇÃO DOS RESULTADOS

Para cada pergunta, vocês devem marcar uma determinada quantidade de pontos com base na proximidade das suas respostas. Se ambos escolheram a mesma letra, não marquem pontos. Se a sua escolha estiver a uma letra de distância (por exemplo, você: b; o seu parceiro: c), marquem 5 pontos, a menos que uma das respostas tenha sido d, em cujo caso marquem 10. Se as suas respostas estiverem separadas por duas letras (por exemplo, você: a; o seu parceiro: c), marquem 10 pontos, a menos quando a resposta tiver sido d, em cujo caso marquem 20. Se as suas respostas forem intercaladas por três letras (isto é, um de vocês escolheu a e o outro d), marquem 30 pontos.

0-75 Vocês são compatíveis.
80-150 Vocês podem ter problemas.
155-300 Vocês têm graves questões de compatibilidade.

Uma vez que as questões abrangidas neste questionário são potencialmente sérias, você e o seu parceiro devem trocar as respostas entre si de modo a poderem conversar a respeito das desarmonias mais importantes.

O QUE FAZER EM CASO DE DESARMONIA

Quando se trata de questões importantes que irão afetar o curso da vida de ambos — como se devem ou não ter filhos ou em que país viver — aconselho três etapas básicas:

• **Discutir o problema antes** — Se vocês vão assinar um contrato ou assumir algum tipo de compromisso, precisam tratar dos problemas logo de início, antes de ter investido anos num relacionamento que pode não atender às suas necessidades fundamentais. No entanto, é necessário discernimento para julgar quando um relacionamento é sério o suficiente para levantar essas questões sem assustar o parceiro.

• **Definir instrumentos de quebra de acordo** — A certa altura, vocês podem ter de decidir o que valorizam mais — o relacionamento ou o projeto de vida. Você e o seu parceiro precisam pensar bastante sobre quais elementos do projeto de vida são motivo de quebra de acordo — coisas que vocês simplesmente não podem passar sem. A questão dos filhos, por exemplo, pode não ser negociável, muito embora mudar-se para outra cidade talvez não seja um problema tão grande assim.

• **Nada de arrependimentos/revisões** — Não caiam na armadilha de concordar com algo agora na esperança de que as coisas possam mudar depois, e não façam acordos a menos que estejam muito seguros de que possam cumpri-los. Uma estratégia conveniente é concordar sobre um período razoável para fazer uma revisão — digamos, três anos a partir de então — quando poderão ambos refletir sobre as suas escolhas e se ainda estão satisfeitos com elas.

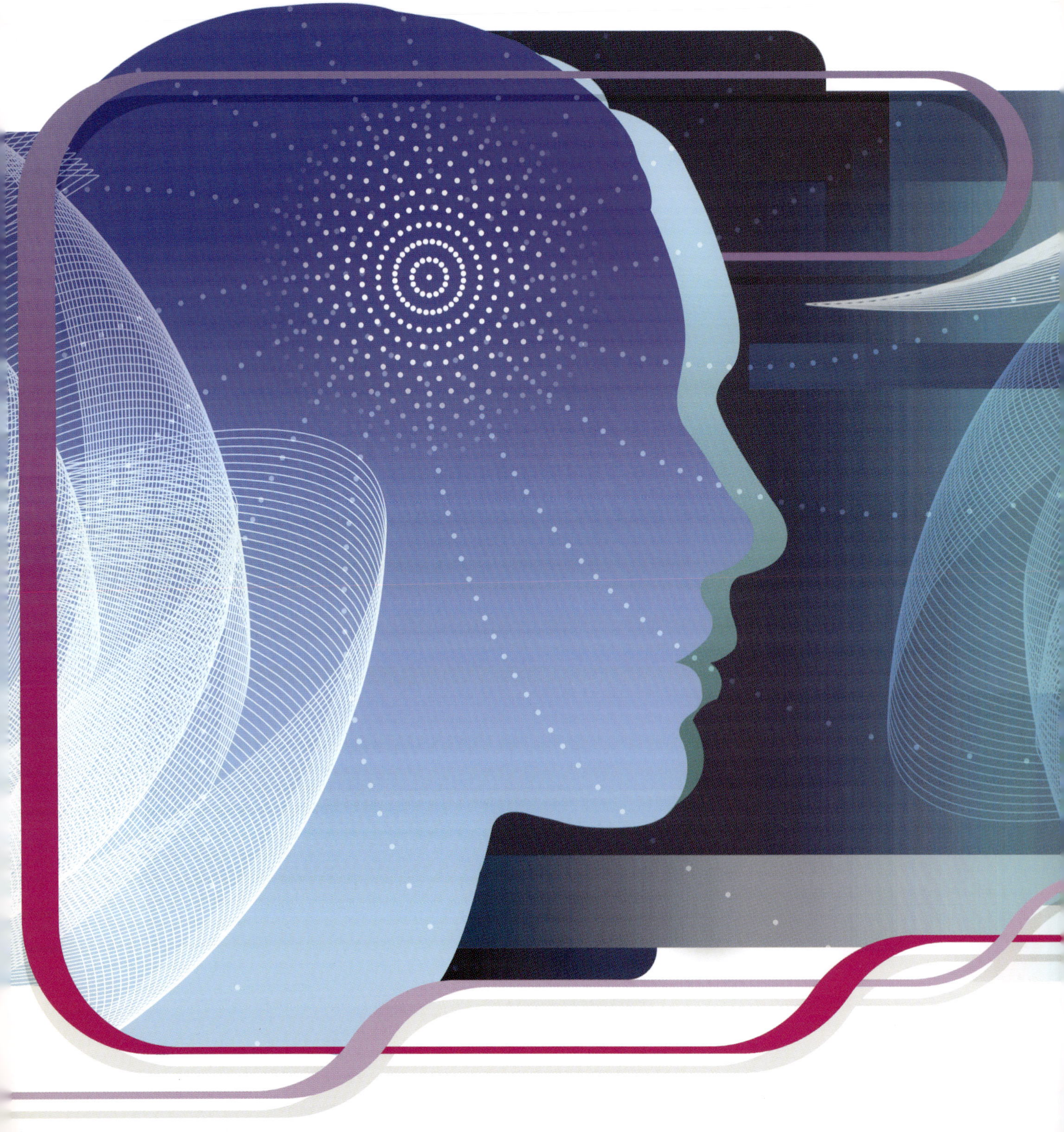

QUINTA PARTE

Vocês São Compatíveis Espiritualmente?

ANTECEDENTES

O uso de rituais místicos como instrumentos de avaliação da personalidade e do relacionamento remonta às brumas da pré-história. Considere-se a "magia simpática", por exemplo. A "magia simpática" é o tipo de magia popular que deriva da natureza. Ainda hoje, a mais elementar e comum modalidade de "magia simpática" que a maioria de nós conhece é o sortilégio feito com as pétalas de uma flor: "Bem me quer, mal me quer". Esse tipo de crendice folclórica é um exemplo de adivinhação — o uso de um método paranormal ou sobrenatural para conhecer o futuro. Outra forma comum de adivinhação relativa ao relacionamento é descascar uma fruta em uma única tira e depois deixar a casca cair para formar a inicial do nome do suposto namorado previsto pelo destino (as possibilidades nesse jogo de amor devem inclinar-se fortemente em favor de pessoas cujo nome tem a inicial "S"). As garotas de todo o mundo provavelmente seriam capazes de comentar sobre dezenas de truques semelhantes.

Pura bobagem?

Os racionalistas ardorosos diriam que não existe essa coisa de orientação "divina", mas até mesmo um cético convicto como eu é capaz de ver que os testes de compatibilidade espiritual têm algum valor. Os métodos e as teorias divinatórias que estão por trás dos testes mentais ou espirituais geralmente são complexos e as informações resultantes podem ser bastante fartas e variadas para que o usuário interprete o que quiser por meio deles. Isso significa que os testes realmente podem mostrar algo sobre você como pessoa.

Basicamente, é por isso que práticas como a astrologia e a quiromancia — a predição do futuro pelas linhas e pelos sinais da mão — mantêm-se tão populares. No entanto, a única pessoa capaz de julgar se o seu parceiro é o certo para você é você mesmo. Se os testes mentais ou espirituais oferecem um recurso para trazer à superfície informações e opiniões que não estão imediatamente acessíveis ao seu consciente, então já prestam um serviço considerável com relação à validação dessas informações.

Apenas diversão?

Embora a aplicação dos testes mentais ou espirituais não tenha a mesma base científica dos outros testes deste livro, eles podem ser considerados como uma espécie de divertimento inofensivo para as pes-

VOCÊS SÃO COMPATÍVEIS ESPIRITUALMENTE?

soas que se interessam por práticas de magia, e eles são usados há séculos. Eles também têm um valor verdadeiro — podem ajudar você a compreender um pouco mais as suas motivações e necessidades, além de julgamentos e avaliações sobre o seu parceiro que as partes inconscientes da sua mente já fizeram — julgamentos e avaliações que podem revelar-se surpreendentemente precisos.

O que se discute nesta parte do livro?

Aqui são apresentados dois tipos de testes. A maioria usa métodos intuitivos para tentar oferecer um pouco de adivinhação, mas dois deles — Vocês Acreditam em Percepção Extra-sensorial? e Vocês Já Tiveram Experiências Paranormais? — levam em conta as suas crenças e experiências em relação a fenômenos paranormais e sobrenaturais. Suas crenças e experiências refletem a sua personalidade; portanto, de certa maneira esses testes são tanto psicológicos quanto mentais ou espirituais.

Cuidado com o Efeito Barnum

Apesar do que dizem os céticos, muitas pessoas acham que a sua própria experiência pessoal com a astrologia, a leitura das cartas do tarô, a quiromancia, a grafologia etc. mostram que esses métodos são capazes de caracterizar a sua personalidade com incrível exatidão. Os psicólogos, no entanto, descobriram uma boa explicação para isso, a qual não tem nada a ver com os fenômenos paranormais. Trata-se do que ficou conhecido como o "Efeito Barnum", em homenagem a um famoso apresentador americano, segundo o qual "as pessoas tendem a aceitar descrições vagas e gerais da personalidade como exclusivamente aplicáveis a si mesmas, sem entender que a mesma descrição poderia ser aplicada a quase todo mundo" (Robert Todd Carroll, *The Skeptic's Dictionary*). Esse efeito também se aplica às avaliações de compatibilidade quanto ao relacionamento. Se um teste mental ou espiritual lhe dá um conselho sobre como "o seu relacionamento teve alguns tropeços, mas os seus aspectos positivos se sobrepõem aos aspectos negativos", desconfie — na verdade, ele não está lhe dizendo praticamente nada.

Está Escrito nas Estrelas

A astrologia baseia-se no princípio "Assim na Terra como no céu", ou seja, que as coisas que acontecem na Terra estão de algum modo ligadas às coisas que acontecem no céu. No caso da astrologia, a posição e o movimento dos corpos celestes estão ligados à personalidade e ao destino humano.

Pedras e ossos entalhados recentemente descobertos mostram que pelo menos algumas das constelações que reconhecemos hoje em dia também eram reconhecidas pelos homens pré-históricos, mas é impossível saber se eles associavam esses padrões ao destino humano. Sabemos de fato que a astrologia foi codificada formalmente há 5.000 anos pelas mais antigas civilizações da Terra — aquelas que deram origem à antiga Babilônia e ao atual Iraque. Os preceitos astrológicos se espalharam então para o sul e o leste asiáticos, onde foram modificados em diferentes tipos de astrologia. A astrologia ocidental baseia-se na tradição babilônica.

SIGNOS SOLARES

De acordo com essa tradição, o aspecto mais importante do céu é o zodíaco — a faixa noturna do céu por onde o Sol passa ao transitar ao redor do horizonte durante o ano. Dependendo da data em que você nasceu, o Sol naquele momento do ano teria se elevado numa determinada "casa" do zodíaco, caracterizada por uma das constelações zodiacais. O nome da constelação que ocupa a parte do céu em que o Sol se elevava no momento em que você nasceu identifica o seu signo estelar ou, como é mais propriamente conhecido, o seu signo solar. Embora os astrólogos também discutam o seu ascendente — o signo que se elevava no horizonte oriental quando você nasceu — ficaremos aqui apenas com o signo solar, que é relativamente mais simples no que diz respeito a este teste.

O Teste

Os astrólogos classificam os 12 signos solares de acordo com a sua relação com os quatro elementos, e a regra básica da compatibilidade entre os signos solares é que os signos do Fogo e do Ar são compatíveis, e que os signos da Água e da Terra são compatíveis (veja na pág. 124 as características associadas a cada elemento). Assim, a primeira coisa a fazer é ver em qual desses dois agrupamentos você e o seu parceiro se encaixam.

Fogo	Água
Áries, Leão, Sagitário	Câncer, Escorpião, Peixes
Ar	**Terra**
Libra, Aquário, Gêmeos	Capricórnio, Touro, Virgem

Na prática, as regras de compatibilidade são um pouco mais estritas. Consulte a tabela ao lado para descobrir quais são os signos solares mais e menos compatíveis com o seu signo.

VOCÊS SÃO COMPATÍVEIS ESPIRITUALMENTE?

Signos Astrológicos	Signos Mais Compatíveis	Signos Menos Compatíveis
Áries 21 de março–20 de abril	Gêmeos, Leão, Aquário, Sagitário	Touro, Virgem, Escorpião, Peixes
Touro 21 de abril–21 de maio	Câncer, Virgem, Capricórnio, Peixes	Áries, Gêmeos, Libra, Sagitário
Gêmeos 22 de maio–21 de junho	Áries, Leão, Libra, Aquário	Touro, Câncer, Escorpião, Capricórnio
Câncer 22 de junho–23 de julho	Touro, Virgem, Escorpião, Peixes	Gêmeos, Leão, Sagitário, Aquário,
Leão 24 de julho–23 de agosto	Áries, Gêmeos, Libra, Sagitário	Câncer, Virgem, Capricórnio, Peixes
Virgem 24 de agosto–23 de setembro	Touro, Câncer, Escorpião, Capricórnio	Áries, Leão, Libra, Aquário
Libra 24 de setembro–23 de outubro	Gêmeos, Leão, Aquário, Sagitário	Touro, Virgem, Escorpião, Peixes
Escorpião 24 de outubro–22 de novembro	Câncer, Virgem, Capricórnio, Peixes	Áries, Gêmeos, Libra, Sagitário
Sagitário 23 de novembro–21 de dezembro	Áries, Leão, Libra, Aquário	Touro, Câncer, Escorpião, Capricórnio
Capricórnio 22 de dezembro–20 de janeiro	Touro, Virgem, Escorpião, Peixes	Gêmeos, Leão, Sagitário, Aquário
Aquário 21 de janeiro–19 de fevereiro	Áries, Gêmeos, Libra, Sagitário	Câncer, Virgem, Capricórnio, Peixes
Peixes 20 de fevereiro–20 de março	Touro, Câncer, Escorpião, Capricórnio	Áries, Leão, Libra, Aquário

INTERPRETAÇÃO DOS RESULTADOS

Mesmo dentro do quadro de referência da astrologia, este teste é uma aproximação grosseira dos complexos cálculos que são feitos num horóscopo completo, e os astrólogos fazem questão de afirmar que suas recomendações são apenas diretrizes — as estrelas podem exercer uma suave influência, mas elas não governam irrevogavelmente o seu destino.

O QUE FAZER EM CASO DE DESARMONIA

Não leve as diferenças tão a sério. Os céticos versados em astronomia podem observar que, uma vez que a geografia do céu noturno muda ao longo dos séculos, o Sol agora passa por 13 constelações nos seus deslocamentos anuais e não por 12. Do ponto de vista lógico, deveria haver atualmente 13 signos solares, mas poucos astrólogos esforçaram-se para enfrentar esse desafio. Talvez, quem sabe, o seu parceiro não pertença a esse misterioso décimo terceiro signo.

Os Elementos e Humores de Vocês São Compatíveis?

Por bem mais de 1.500 anos, a civilização ocidental usou um método de medicina estabelecido pelos gregos e romanos. Esse método se baseia em teorias sobre a constituição do cosmos e da natureza do homem que pode parecer um pouco estranho para muitos de nós hoje em dia, mas até os séculos XVI e XVII era tido como a verdade sagrada tanto entre as pessoas instruídas quanto pelo público em geral. No centro dessas teorias acha-se a noção dos gregos antigos de que o mundo e tudo o que ele encerra seria constituído de quatro elementos básicos: fogo, terra, água e ar. Outras civilizações tinham pontos de vista semelhantes sobre os elementos, mas afirmavam que esses elementos eram em maior número e/ou diferentes. Na medicina chinesa são cinco: fogo, ar, água, metal e madeira; ao passo que, de acordo com a medicina indiana Ayurvédica, também existem cinco elementos, mas que seriam fogo, ar, terra, água e éter.

ELEMENTOS E HUMORES

Na tradição ocidental, cada elemento seria responsável pelo surgimento de um dos quatro componentes básicos do corpo, conhecidos como humores. Os humores eram considerados como fluidos essenciais que circulavam pelo corpo, causando diversos processos fisiológicos e psicológicos. Segundo essa teoria, esses quatro humores em conjunto estariam presentes em todas as pessoas, mas em quantidades diferentes. Uma preponderância de um dos quatro seria responsável por causar um dos quatro tipos básicos de personalidade ou temperamentos.

A Tabela 1 mostra a correspondência entre os quatro elementos, os quatro humores e os quatro temperamentos. Tabelas de correspondências como esta constituem a base de muitos métodos de medicina complementar e alternativa ainda em uso atualmente, incluindo a fitoterapia, a homeopatia e a acupuntura. Na verdade, as correspondências entre os elementos e outros aspectos da natureza e a psicologia humana se estendem muito além desse ponto. Por volta do século XVII, os alquimistas, fitoterapeutas e astrólogos classificaram praticamente tudo no mundo de acordo com a correspondência com um dos quatro elementos.

TABELA 1

Elemento	Humor	Temperamento	Características
Fogo	Bile amarela	Colérico	Excitável, apaixonado, orgulhoso, propenso à raiva
Terra	Bile negra	Melancólico	Triste, teimoso, determinado, prático
Água	Catarro	Fleumático	Calmo, submisso, apático
Ar	Sangue	Sanguíneo	Cordial, animado, bem-humorado, descuidado

VOCÊS SÃO COMPATÍVEIS ESPIRITUALMENTE?

O Teste

Primeiro é preciso descobrir em que categoria você e o seu parceiro se encaixam. A Tabela 2 dá algumas das muitas correspondências para os quatro elementos. Use-a como uma lista para conferir e marque os quadrículos que a seu ver o descrevem melhor — a coluna com o maior número de marcas informa qual elemento e, portanto, qual temperamento lhe corresponde melhor.

TABELA 2	Fogo	Terra	Água	Ar
Cor favorita	Vermelho	Verde e marrom	Azul	Amarelo
Instrumento favorito	Violão e outros instrumentos de corda	Bateria e outros instrumentos de percussão	Címbalo, sinos e outros instrumentos de metal sonante	Flauta e outros instrumentos de sopro
Estação favorita	Verão	Inverno	Outono	Primavera
Momento do dia favorito	Meio-dia	Meia-noite	Anoitecer	Amanhecer
Pontos fortes	Flexível, criativo, apaixonado	Prático, habilidoso, determinado	Atencioso, criativo, expressivo	Lógico, esteta, justo
Pontos fracos	Orgulhoso, egoísta, inquieto	Teimoso, possessivo, sem imaginação	Mal-humorado, sonhador, apático, submisso	Descuidado, maledicente, crítico
Expressões que o descrevem	Exagerado, teatral, de sangue quente, ardente de desejo	Enraizado na tradição, com senso prático, com os dois pés no chão, bom com as mãos	Segue a corrente, calmo e relaxado, sonhador	Cabeça-de-vento, vive nas nuvens, intelectual
Signo astrológico	Áries, Leão, Sagitário	Touro, Virgem, Capricórnio	Câncer, Escorpião, Peixes	Gêmeos, Libra, Aquário

INTERPRETAÇÃO DOS RESULTADOS

Uma vez que os quatro elementos se relacionam entre si de maneiras específicas, alguns sendo opostos e alguns naturalmente compatíveis, por extensão, os quatro humores e os respectivos temperamentos associados classificam-se em incompatível (I no quadro abaixo), compatível (C) e altamente compatível (CC). Use a Tabela 3 para determinar a sua compatibilidade.

TABELA 3	Parceiro 2			
Parceiro 1	Fogo	Terra	Água	Ar
Fogo	I	C	I	CC
Terra	C	I	C	I
Água	I	C	I	C
Ar	CC	I	C	I

O QUE FAZER EM CASO DE DESARMONIA

Não há necessidade de se desesperar caso você e o seu parceiro estejam em desacordo nessa área. Este teste pode servir para ajudar você a se concentrar nos aspectos do seu caráter e do seu parceiro que possam ser conflitantes, servindo como advertência de setores nos quais possam ter problemas no futuro.

O Que Revelam as Cartas do Tarô

Precursor do moderno baralho de jogo, o tarô é um conjunto de 78 cartas com uma longa e misteriosa história. Seu primeiro aparecimento de que se tem registro foi no século XIV, na Itália, mas essas cartas provavelmente contêm um simbolismo muito mais antigo — normalmente, são relacionadas com os antigos egípcios, embora haja poucas evidências concretas quanto a isso. Originariamente, eram usadas apenas as 22 cartas ilustradas conhecidas como os "arcanos maiores", mas no final do século XIV, na Ásia, foram acrescentadas 56 do tipo comum, com os quatro naipes e incluindo reis, rainhas, valetes etc. (são essas cartas, conhecidas como os "arcanos menores", que correspondem ao nosso baralho moderno usado para jogar). Embora o tarô fosse usado para jogos de cartas, hoje ele é muito mais conhecido como um instrumento de adivinhação.

OS ARCANOS MAIORES

Independentemente de como você se sinta em relação às propriedades "mágicas" do tarô, não há dúvida de que existem inúmeras histórias e simbolismos interessantes por trás delas, especialmente em relação aos arcanos maiores, nos quais vamos nos concentrar principalmente. Qualquer um que tenha visto um baralho de tarô sabe que as imagens dos arcanos maiores parecem harmonizar-se. Em parte, isso se deve aos insondáveis mistérios que as envolvem, mas também reflete a sua longa história como importantes símbolos da civilização ocidental. De acordo com Carl Jung, os arcanos maiores representam imagens arquetípicas. Na teoria de Jung, os arquétipos são símbolos tão antigos e primitivos que estão inculcados não só no nosso inconsciente, mas também no inconsciente coletivo, comum a toda a humanidade. Portanto, quando usamos o tarô, estamos usando símbolos que ressoam profundamente no nosso subconsciente e assim o influenciam.

Por mais interessante que seja a teoria de Jung, não existe um mecanismo palpável pelo qual se verifique o seu funcionamento, a menos que acreditemos em fenômenos paranormais. Mas isso não significa que, num sentido menos rigoroso, essa teoria não possa ser verdadeira. Mesmo que os arcanos maiores não estivessem ligados a nenhuma força ou poder superior, ainda assim eles continuam sendo símbolos significativos e, portanto, podem ser usados para refletir reações e sentimentos do subconsciente. Nesse caso, podem ser usados para ajudar vocês a pensar no seu relacionamento.

As Cartas do Relacionamento

O LOUCO
Ao mesmo tempo inocente e despreocupado, o Louco também pode ser perigoso para si mesmo e para os outros. Ele não conhece ou reconhece fronteiras nem limites e pode ferir a si ou aos outros. Ele também é brincalhão e trapaceiro. Esta carta pode ainda estar relacionada com o início de uma viagem.

O MAGO
Inteligente e habilidoso, controlador e manipulador, o Mago pode ensinar, guiar e informar, mas também confundir e enganar. Esta carta está relacionada com a comunicação, as idéias e o intelecto.

A GRANDE SACERDOTISA
A Grande Sacerdotisa representa o inconsciente — o conhecimento espiritual, muitas vezes parcialmente oculto. Pode representar tanto a fraude quanto a verdade.

VOCÊS SÃO COMPATÍVEIS ESPIRITUALMENTE?

A IMPERATRIZ

No tarô, o equivalente direto à idéia de anima de Jung, a Imperatriz representa o lado feminino da psique, incluindo as mães, os afazeres domésticos, a maternidade e a natureza. É maternal, generosa, atenciosa, protetora, mas também pode ser autoritária, tirânica, destruidora e aterradora.

OS AMANTES

Os Amantes, obviamente, representam o amor, o romance, a paixão e o sexo, e questões relativas ao matrimônio, o companheirismo, a intimidade e o compromisso. Também podem estar relacionados com o egoísmo, o narcisismo, a vaidade; e com a vulnerabilidade e a perda da inocência.

O IMPERADOR

O Imperador representa o animus, o princípio masculino. Representa autoridade, controle, justiça, imparcialidade e proteção, mas também pode ser autoritário, dominador, inflexível, duro e negligente.

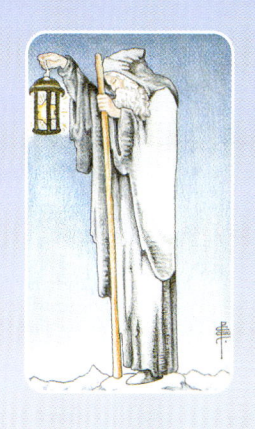

O EREMITA

Uma figura de guru representando a sabedoria, a velhice e a autoridade, o Eremita também pode se relacionar com o isolamento e o retiro. Simboliza a renovação espiritual e física pela contemplação, seguida da aplicação da sabedoria assim descoberta aos problemas existentes. Esta carta pode significar que as respostas virão de dentro.

O SUMO SACERDOTE OU HIEROFANTE

Representando a devoção, a seriedade e o dogma espiritual e psicológico, o Sumo Sacerdote está em contato com o campo espiritual e se relaciona com as crenças e convicções profundas. No entanto, também representa a teimosia e a relutância, ou a má vontade em estudar o espiritual ou emocional, assim como a verdade.

O ENFORCADO

Um símbolo antigo, que se acreditava estar relacionado com as religiões pagãs, o Enforcado representa a transformação por meio do sacrifício pessoal; além disso, representa a necessidade de considerar as coisas de um ângulo diferente.

O Que Revelam as Cartas do Tarô

A MORTE
A morte pode parecer assustadora, mas é na verdade um símbolo de mudança — a antiga ordem sendo substituída pela nova. Como tal, é uma oportunidade para a ocorrência de coisas positivas, se você se desapegar do passado.

O DIABO
Simboliza arrogância, egoísmo e orgulho, e além disso ligações auto-impostas, o Diabo às vezes pode ser um vício — físico ou emocional. Esta carta pode ser interpretada positivamente indicando maneiras de você se libertar dos grilhões de um relacionamento.

O SOL
Uma carta positiva, o Sol indica saúde, calor, otimismo, felicidade e oportunidade. Representa satisfação, sucesso e esperança no futuro.

A TORRE
Esta pode não ser uma carta óbvia de relacionamento, mas simboliza uma revolução. Em termos de relacionamento, pode significar uma grande — até mesmo catastrófica — mudança, com oportunidades subseqüentes para novos começos. Também pode ser uma advertência de que você precisa mudar o seu modo de ser.

O Teste

Obviamente, você vai precisar de um baralho de tarô para fazer este teste. Para simplificar, use apenas as cartas dos arcanos maiores, que se relacionam diretamente com os homens, as mulheres e os relacionamentos (as que foram comentadas nestas páginas) e faça um maço com todas elas viradas para o mesmo lado.

Embaralhe as treze cartas. Para fazer uma das formas mais simples de leitura do tarô, abaixe cinco cartas formando uma cruz.

VOCÊS SÃO COMPATÍVEIS ESPIRITUALMENTE?

1 A carta no centro representa você mesmo, e mostra como você se sente em relação ao relacionamento, e em que ponto você se encontra em relação ao seu parceiro.

2 A carta à esquerda representa o estado atual do relacionamento, e salienta todos os assuntos importantes e decisivos.

3 A carta à direita representa o futuro — para onde está seguindo o relacionamento.

4 A carta no alto representa as suas posturas conscientes em relação ao relacionamento.

5 Finalmente, a carta embaixo representa as suas posturas subconscientes em relação ao relacionamento.

Lembre-se de que não existem regras, e que você pode imaginar a disposição que quiser e adotar a significação que quiser — elas serão igualmente válidas (por exemplo, as cartas no alto e embaixo poderiam representar o que a sua família e os amigos pensam sobre o seu parceiro).

Use as definições de cada carta para fazer as suas próprias interpretações sobre o seu estado emocional atual; seus relacionamentos passados e presentes; suas esperanças e medos do futuro; e seus sentimentos superficiais e profundos sobre o seu parceiro e o seu relacionamento. Faça perguntas a si mesmo e use a sua interpretação das cartas para responder às perguntas.

INTERPRETAÇÃO DAS CARTAS

A visão cética das técnicas de adivinhação, como a leitura do tarô, é que elas são exemplos de fenômenos psicológicos chamados de "apofenia" — uma tendência a perceber ligações significativas entre coisas sem relação nenhuma entre si. A mente humana apresenta uma tendência inata a buscar significados; com as cartas do tarô, por exemplo, essa tendência se expressa quando interpretamos as cartas como tendo importância e significado em relação ao passado, ao presente e ao futuro.

Para os nossos propósitos, essa apofenia não precisa ser uma coisa ruim. Ao contrário, use-a como uma maneira de suscitar sentimentos ou pensamentos ocultos ou incertos. Quanto mais férteis as informações que você tiver de interpretar, mais capaz você será de encontrar ligações e significados. Uma leitura do tarô oferece um campo muito fértil de interpretações possíveis. Essas interpretações podem não ser objetivamente verdadeiras, mas elas serão subjetivamente significativas — isto é, significativas para você. Em outras palavras, uma leitura do tarô é no mínimo algo divertido, e no máximo uma maneira de explorar os seus pensamentos e sentimentos mais "ocultos".

DESCRIÇÃO DAS CARTAS

Embora haja imagens masculinas e femininas retratadas nas cartas, na prática as cartas podem ser usadas tanto por homens quanto por mulheres e se referem a ambos os sexos. As figuras sexuadas se referem tanto a aspectos da psique (todo mundo tem aspectos femininos e masculinos na psique — Jung chamava a esses aspectos de anima e animus) ou aspectos de uma situação ou emoção. Você pode considerar isso como um valor de troca: uma carta masculina no seu passado, por exemplo, pode referir-se a um homem, ou a uma emoção "masculina", como a raiva ou a cobiça. Ou você pode interpretá-la num nível mais simbólico: uma carta masculina ligada a um sentimento pode significar que você reagiu como o seu pai reagiria. Siga a interpretação que lhe parecer mais adequada ao seu caso.

O I Ching

Um método tradicional chinês de adivinhação, o I Ching é classificado como "o mais antigo, mais requintado e mais admirado método divinatório do mundo". I Ching é traduzido como O Ponto de Mutação e se refere às interpretações e comentários associados a um sistema de pictogramas simples, constituídos de linhas contínuas e interrompidas. A idéia básica é que você faça uma pergunta, use moedas ou algum outro meio aleatório para produzir uma série de seis linhas interrompidas ou contínuas, que juntas compõem um "hexagrama", e consulte os possíveis significados e comentários associados a esse hexagrama do I Ching. Então você reflete e medita sobre essas informações, e ao fazê-lo encontra a orientação que deve seguir.

A origem desse método remonta à China antiga e, possivelmente, até mesmo à pré-história, quando os xamãs usavam ossos para interpretar e explicar os padrões e acabaram reunindo um conjunto de conhecimentos associados a eles. Por volta de 1100 a.C., essa sabedoria foi registrada pelos antigos reis da China — de acordo com alguns pesquisadores, a escrita evoluiu na China especificamente para registrar essas profecias. Desde essa época, o I Ching evoluiu para um sistema quase religioso e uma filosofia de vida completa.

YIN E YANG

Os símbolos centrais do I Ching são os pictogramas, constituídos de linhas contínuas e interrompidas. Essas linhas simbolizam duas das forças básicas que compõem a cosmologia chinesa — yin e yang. Yin, representado pela linha interrompida, é o princípio feminino, associado a todas as coisas femininas, criador, compreensivo e maternal. Yang, representado pela linha contínua, é o princípio masculino natural, associado a todas as coisas masculinas, dominador, agressivo etc.

VOCÊS SÃO COMPATÍVEIS ESPIRITUALMENTE

OS TRIGRAMAS

As linhas yin ou yang podem se combinar para formar oito arranjos possíveis de três, conhecidos como os trigramas. No I Ching, esses oito trigramas representam os espíritos ou forças elementais. Numa profecia completa pelo I Ching, a idéia é obter dois desses trigramas, que são então combinados para produzir um hexagrama (um pictograma constituído de seis linhas). O significado completo de uma profecia depende desse hexagrama, e existem 64 hexagramas possíveis (porque existem 64 maneiras possíveis de combinar os oito trigramas). Para complicar ainda mais as coisas, cada uma das seis linhas de um hexagrama pode ser o que é conhecido como uma linha transformadora, que acrescenta ainda outra dimensão de significado.

O Teste

Apresentar a lista completa dos 64 hexagramas ultrapassa o objetivo deste livro, quanto mais enumerar todas as diversas interpretações e comentários. Assim sendo, sugiro que você use os oito trigramas das páginas seguintes e os significados a eles associados como um ponto de partida para reflexão e meditação sobre o seu relacionamento.

Em primeiro lugar, você precisa fazer uma pergunta. E isso não é tão simples quanto parece. Ao usar o I Ching, a pergunta é a coisa mais importante; portanto, você deve pensar bem sobre a forma exata da sua pergunta, sobre a sua identidade como a pessoa que faz a pergunta e sobre as possíveis respostas que possa receber e o que elas podem significar. Algumas sugestões: faça uma pergunta aberta em lugar de uma que permita respostas do tipo sim ou não; faça perguntas sobre o que considere importante para você; espere uma orientação ou sabedoria geral em vez de um conselho específico.

O AMOR E O I CHING

O I Ching pode ser usado para obter conselhos ou uma nova perspectiva sobre qualquer aspecto da vida, incluindo o amor e os relacionamentos. Esse oráculo pode ser interpretado em muitos níveis diferentes, desde oferecer um conselho direto até para interpretações muito mais subjetivas e cifradas com relação à sua filosofia de vida ou aos seus problemas mais antigos. A filosofia do I Ching é a de que a felicidade e a boa sorte acontecem depois de se percorrer o caminho certo. Em termos de relacionamento, isso significa que uma relação bem-sucedida depende de tomarmos o caminho certo — sendo fortes algumas vezes e complacentes em outras; aceitando as mudanças às vezes e, em outras, perseverando.

COMO CRIAR OS TRIGRAMAS

O método tradicional para criar os trigramas envolve o uso de varetas de uma planta chamada milefólio, mas isso é extremamente complicado e demorado. Um método muito mais simples é lançar uma moeda três vezes. Se a moeda cair de cara para cima, significa yin, ou linha interrompida: ▬ ▬
Se a moeda cair de coroa para cima, significa yang, ou linha contínua: ▬▬▬
Numa folha de papel, anote, uma após a outra, as três linhas (yin ou yang) na ordem em que aparecerem. Ao juntar as três linhas resultantes, você terá um trigrama, como, por exemplo: ☳

Este trigrama em especial é chamado Chen ou Tremor (veja a pág. 133).

INTERPRETAÇÃO DO TRIGRAMA

Conforme observamos acima, o I Ching oferece interpretações e comentários, mas esses se propõem a ser principalmente o ponto de partida para uma futura reflexão, "virando e revirando as palavras no seu coração", conforme o I Ching instrui seu leitor. Nesta versão extremamente condensada, use as descrições dadas abaixo de cada trigrama como o material para as suas meditações sobre a compatibilidade e como alcançá-la.

O I Ching

OS TRIGRAMAS

LI — IRRADIAÇÃO
Li representa o espírito do fogo, do calor e da iluminação. Simboliza o poder da consciência e de tornar as coisas visíveis. Está associado a manter as coisas unidas (graficamente, tem um centro "flexível", ou a linha yin que mantém a união das duas fortes linhas yang). Li é tradicionalmente associado a encontros estranhos e contatos casuais.

SUN — PENETRANTE
O trigrama Sun representa o espírito da madeira e do vento, e simboliza a maturidade, a solidariedade e a força criadora. É tradicionalmente associado ao casamento e a um novo lar; portanto, está relacionado com o compromisso e com novos começos. Sun é um símbolo feminino que se relaciona com a cura dos sofrimentos e a reconciliação.

KUN — CAMPO
O trigrama Kun, composto inteiramente por linhas femininas yin, representa o útero e o princípio materno. Simboliza o poder de criar, de dar forma às coisas e de torná-las mais visíveis, assim como de nutrição, de criação, de provimento, de submissão etc. Kun está associado à Terra e, portanto, tanto à morte quanto à vida, pois a Terra recebe os mortos.

TUI — ABERTO
O trigrama Tui representa o espírito da água ampla, incluindo lagos, represas, pântanos e as névoas que sobem deles. Simboliza a fertilização e o enriquecimento, as conversas estimulantes, a amizade e a liberalidade sexual. É associado à capacidade de espalhar bons sentimentos e convencer e persuadir. Tradicionalmente, Tui é considerado o espírito mais amável e feliz.

CH'IEN — FORÇA
Este trigrama, com as suas três linhas masculinas yang, representa o dragão, um espírito quintessencialmente masculino e tradicionalmente associado à criatividade, à força e à inspiração. Embora possa mudar de forma, ele é sempre dinâmico e vigoroso. É perigoso, mas tem a capacidade de proporcionar grande alegria.

KAN — DESFILADEIRO
Kan representa o espírito da água corrente e os desfiladeiros cavados pela água (graficamente, isso se relaciona com o fato de que é composto de uma forte linha central e de linhas flexíveis de ambos os lados). Assim como a água corrente, ele não pode ser detido, mas se atira de cabeça para baixo; assim, simboliza assumir riscos, ter coragem, concentrar energia e superar obstáculos. É associado a flertar com o perigo, a arriscar tudo para vencer. Tradicionalmente, Kan também simboliza riquezas ocultas.

VOCÊS SÃO COMPATÍVEIS ESPIRITUALMENTE?

CHEN — TREMOR

O trigrama Chen representa o espírito do trovão que estimula e perturba as coisas. Portanto, simboliza a excitação, a mudança e a perturbação, o despertar e a agitação, assim como a força para fazer mudanças e agitar as coisas. Também é um símbolo masculino, que se relaciona com a sexualidade e a potência.

KEN — LIMITE

Ken é o espírito da montanha e simboliza os limites, as fronteiras, as terminações e as extremidades. É onde as coisas começam e acabam, um refúgio e um ponto silencioso. Simboliza parar ou acalmar as coisas, o conhecimento dos limites e a capacidade de refletir sobre o passado e vê-lo com clareza.

O I CHING FUNCIONA MESMO?

Se os trigramas e hexagramas estão ou não genuinamente ligados a forças misteriosas que governam o destino e revelam o verdadeiro fluxo da energia vital no cosmos, essa é uma questão aberta; mas, assim como o tarô, o I Ching é um método extremamente complexo de um simbolismo convenientemente vago. Como tal, é um material perfeito para a apofenia (veja a pág. 129). Se você seguir o conselho dos sábios e virar e revirar as suas palavras no coração, inevitavelmente encontrará as suas próprias respostas. Se o uso do I Ching o encorajar a meditar sobre as profundas questões que envolvem o seu relacionamento e a sua compatibilidade a longo prazo, então ele terá sido, com certeza, de muita utilidade, mesmo se não tiver poderes divinatórios verdadeiros.

O Jogo dos Números

A numerologia é o estudo do significado oculto dos números, incluindo o uso dos números para a adivinhação. Ela se baseia no princípio de que tudo pode ser explicado por meio de um número, e que os números têm significados especiais. Na sua forma moderna, a numerologia praticamente só se preocupa com a conversão dos nomes das pessoas e datas de nascimento para a forma numérica e, depois, em usar esses resultados para fazer interpretações sobre a personalidade e predições sobre o futuro, o sucesso profissional e a compatibilidade nos relacionamentos.

ENCONTRE O SEU NÚMERO DO CAMINHO DA VIDA

A forma mais simples de numerologia é encontrar o que os numerólogos chamam de o seu número do "Caminho da Vida". Esse é o número encontrado pela adição dos números da sua data de nascimento, que supostamente informa que tipo de pessoa você é. Usando-o, os numerólogos alegam ser capazes de fazer todos os tipos de previsões. Calcular o seu número do Caminho da Vida é simples. Tudo o que você precisa fazer é somar os números da sua data de nascimento completa e continuar somando-os até chegar a um número de um único algarismo.

Por exemplo, para uma pessoa nascida em 12 de novembro de 1974, a data de nascimento numerológica seria 12/11/1974. No caso, bastaria somar os números da seguinte maneira: 1+2+1+1+1+9+7+4 = 26. Em seguida, somar o 2 e o 6 para obter um único algarismo: 2+6 = 8. O número do Caminho da Vida dessa pessoa seria 8. Faça o mesmo, usando a sua data de nascimento e a do seu parceiro para descobrir o número do Caminho da Vida do Casal.

O Teste

**Os numerólogos profissionais derivam todos os tipos de outros números a partir da sua data de nascimento, do seu nome e de outras informações (como a sua Expressão, Desejo e Números Íntimos), usando-os para chegar a uma avaliação de compatibilidade.
No entanto, você pode fazer uma avaliação preliminar usando apenas o seu número do Caminho da Vida. Encontre o seu número do Caminho da Vida nesta tabela e combine-o com o número do seu parceiro para encontrar a sua compatibilidade.**

Seu Caminho da Vida	Caminho da Vida do Parceiro: 1
1	O ego de vocês se choca e vocês discutem muito
2	Vocês são românticos, mas de maneira estereotipada
3	Vocês formam um casal animado e expansivo
4	Vocês formam um casal que discute muito
5	Vocês são apaixonados — mas talvez demais
6	Vocês são felizes, mas podem não ter os mesmos ideais
7	Vocês combinam bem intelectualmente
8	Vocês ganharão muito se trabalharem juntos
9	Vocês formam um casal tempestuoso

VOCÊS SÃO COMPATÍVEIS ESPIRITUALMENTE?

O QUE FAZER EM CASO DE DESARMONIA

Até mesmo alguns praticantes de numerologia alertam para não levá-la tão a sério. Assim como a grafologia, a numerologia não é uma ciência. Não se deixe enganar pelo fato de ela envolver números — não há nada nem remotamente científico na numerologia. Essa prática nunca passou em nenhum teste, e realmente não faz sentido nem mesmo nos seus próprios termos. E se você usasse outro sistema de datas (por exemplo, o calendário judaico ou muçulmano) para expressar a sua data de nascimento? Por que o seu número do Caminho da Vida inclui apenas o dia, o mês e o ano do seu nascimento, e não a hora e/ou os minutos? Qualquer um desses números poderia mudar o seu número do Caminho da Vida e lhe dar uma previsão completamente diferente.

	1	2	3	4	5	6	7	8	9
2		2							
3	Vocês são como gêmeos, mas podem ser iguais demais		3						
4	Os seus interesses diferentes podem causar problemas		Dramático e excitante — mas instável	4					
5	Vocês são constantes e seguros		Vocês são ambos sonhadores — ponham os pés no chão	Vocês são firmes e seguros	5				
6	Existem grandes diferenças entre vocês		Vocês gostam de viver intensamente	Vocês têm temperamentos diferentes	Vocês são ciumentos, o que pode levar a um drama	6			
7	São compatíveis, se derem espaço um ao outro		Ajam com responsabilidade e poderão ser felizes	À vontade e estáveis — uma boa combinação	Vocês dois precisam se comprometer	Gastem mais energia consigo mesmos e menos com os outros	7		
8	Vocês são um casal altamente compatível		Embora diferentes, vocês podem dar certo	Compartilham valores espirituais mas são sérios demais	Ambos precisam do seu próprio espaço	Vocês tendem a discutir por pequenas coisas	Um casal excêntrico mas feliz	8	
9	Vocês formam um casal altamente compatível		Os opostos se atraem	Vocês são esforçados e práticos	Um casal otimista com grandes planos	Vocês formam um casal altamente compatível	Um casal centrado na carreira	Um casal altamente dinâmico	9
	Vocês dois explodem no calor e no frio		Vocês precisam compartilhar as atenções	É muito provável que vocês não combinem	Um casal ousado, mas pode ter problemas financeiros	São felizes, mas com dificuldades secundárias	Vocês compartilham uma ligação espiritual	Vocês serão compatíveis se cuidarem do dinheiro	Um casal com laços profundos e ideais elevados

O Que Revela a Sua Assinatura?

A grafologia é o estudo da caligrafia. Os grafólogos afirmam que, ao olho experiente do especialista, a caligrafia de uma pessoa revela uma porção de coisas sobre a sua personalidade, características, pontos fortes, pontos fracos, vivências do passado, até mesmo a saúde mental e física. As características relevantes da caligrafia examinadas pelos grafólogos são semelhantes às examinadas pelos especialistas forenses em caligrafia: voltas, espaçamento entre as letras, inclinações, alturas, traços finais etc.

A origem da grafologia remonta no mínimo ao final do segundo século a.C. na China, onde os filósofos examinavam as características dos traços na caligrafia de uma pessoa. Os antigos gregos e romanos também especulavam sobre a ligação entre a personalidade e a escrita à mão — Aristóteles, por exemplo, escreveu: "Assim como todos os homens não têm os mesmos sons na fala, também não têm a mesma escrita." A grafologia é ainda popular nos dias atuais, e é amplamente usada para análises da personalidade, para orientar o recrutamento de pessoas e para fazer avaliações de compatibilidade.

O Teste

Especialistas treinados nas artes sutis da grafologia normalmente produzem abrangentes avaliações de compatibilidade. Você precisa de uma amostra da caligrafia do seu parceiro, de preferência de uma carta que ele tenha escrito para você. Use as seguintes diretrizes dos grafólogos para produzir uma análise de caráter do seu ente querido. Quanto maior a freqüência com que um aspecto estilístico se repita e seja mais evidente, mais intenso será o traço indicado. Preste uma atenção especial à assinatura.

Aspecto estilístico	Traço de personalidade indicado
"e" com a volta estreita	Reservado, discreto, dissimulado
"e" com a volta larga	Tolerante, liberal, aberto
"d" e "t" com haste alta	Vaidoso, arrogante, egoísta, superior
"o" aberto no alto	Indiscreto, imprudente, comunicativo, tagarela
"t" com o traço deslocado verticalmente (cortado acima da haste)	Visionário, inatingível; compreensão vacilante da realidade
"t" com o traço deslocado horizontalmente (cortado adiante da haste)	Ansioso em excesso, corre adiante de si mesmo, impaciente
"t" cortado com exatidão	Preciso, exato
"t" sem o traço de corte	Esquecido, ausente
"m" com as arestas agudas, em forma de "V"	Pensador analítico

VOCÊS SÃO COMPATÍVEIS ESPIRITUALMENTE?

INTERPRETAÇÃO DOS RESULTADOS

A avaliação da compatibilidade depende de você, com base na sua análise; mas, de acordo com a grafóloga americana Kathy Gulley, a carta da pessoa amada para você poderia revelar a resposta a algumas perguntas bem específicas.

Aspecto estilístico	Traço de personalidade indicado
Letras angulosas, pontiagudas	Sensível, agressivo, medíocre, comum, mesquinho
Letras angulosas, pontiagudas	Cordial, calmo, relaxado, gentil, generoso
Letras inclinadas para a frente	Extrovertido
Letras inclinadas para trás	Introvertido
Escrita com maiúsculas	Refinado, artístico, criativo, discriminador, egóico
Traços fortes, pesados	Emotivo, intenso, dinâmico, libidinoso, apaixonado
Traço final forte	Insensível, decidido, exibido
Largos espaços entre as palavras	Relaxado, tolerante, permite que as pessoas tenham o seu espaço
Espaços apertados entre as palavras	Defensivo, exibido
Escrita em letras miúdas	Concentrado, focado, atenção aos detalhes, sincero, coerente
Correções no texto	Perfeccionista, pedante
Margens amplas	Extravagante
Margens estreitas	Econômico, avarento

Aspecto estilístico	Opinião indicada
As maiúsculas usadas na escrita são as mais altas da página	O parceiro respeita ou admira você
As maiúsculas usadas na escrita são as menores da página	O parceiro tem uma opinião acanhada a seu respeito
Voltas excessivamente grandes nos laços do "g"	O parceiro está interessado em outros parceiros
Estilo global coerente/equilibrado	Bom marido/esposa
Traços arredondados e uniformes	Daria um bom parceiro

O QUE FAZER EM CASO DE DESARMONIA?

Preocupado com o que a sua análise amadora revelou? Desapontado com o subtexto de incompatibilidade indicado pela letra da pessoa amada? Um grafólogo observaria que uma análise especializada poderia dar uma leitura completamente diferente. Eu, porém, observaria que não existe um único traço de evidências convincentes de que a grafologia realmente funciona, nem que haja um mecanismo adequadamente exposto para explicar como ela poderia funcionar.

A grafologia é um exemplo clássico de pseudociência — um assunto que reveste a si próprio de ornamentos de ciência, incluindo uma base teórica com aparência de autoridade, uma terminologia técnica para a sua teoria e os seus praticantes, alegações impressionantes sobre apoio experimental e elaborados sistemas de qualificação para os seus praticantes. Não se deixe enganar por nada disso. A grafologia nunca passou nos testes adequadamente controlados quanto à sua eficácia. No seu caso, seria muito melhor analisar o conteúdo da carta que recebeu da pessoa amada.

Vocês Acreditam em Percepção Extra-sensorial?

Logo nas suas primeiras pesquisas, os parapsicólogos descobriram que os resultados das pessoas nos experimentos de parapsicologia são às vezes afetados por aspectos da sua personalidade. O aspecto que parece exercer a maior influência é aquele relacionado com a crença nos fenômenos paranormais e na percepção extra-sensorial em especial. Os pesquisadores chamaram a isso de Dimensão Carneiro-Bode. "Carneiros" seriam as pessoas que acreditam na existência da percepção extra-sensorial e de fenômenos semelhantes; e "bodes" as que duvidam da realidade desses fenômenos.

O que muitos pesquisadores têm descoberto desde o início é que, nos testes de capacidade de percepção extra-sensorial, os "carneiros" parecem apresentar um resultado melhor do que seria esperado em função do acaso, ao passo que os "bodes" na verdade têm um resultado significativamente pior do que pode ser explicado pelo acaso. Em outras palavras, as pessoas que não acreditam na percepção extra-sensorial de fato mostram um tipo de "percepção extra-sensorial negativa", fenômeno que é conhecido como efeito Carneiro-Bode.

A DIMENSÃO CARNEIRO-BODE E A COMPATIBILIDADE

Se o efeito Carneiro-Bode existe ou não, não importa realmente. O que é mais importante é a dimensão da personalidade que está por trás do efeito, porque, a exemplo das outras dimensões da personalidade que analisamos na Terceira Parte, a semelhança com o seu parceiro indica um grau maior de compatibilidade. Lembrem-se de que o teste Carneiro-Bode mede as suas crenças a respeito dos fenômenos paranormais (e a percepção extra-sensorial em particular) e não se vocês tiveram ou não experiências com fenômenos paranormais (nesse sentido, veja Vocês Já Tiveram Experiências Paranormais?, pág. 142).

O Teste

Em relação às questões a seguir, dêem uma resposta usando a seguinte escala:
1 É definitivamente verdadeiro
2 É provavelmente verdadeiro
3 Não sei se é verdadeiro ou não
4 É provavelmente um absurdo
5 É definitivamente inverídico

1 Os animais de estimação às vezes sabem que os seus donos estão voltando para casa antes de os donos chegarem.

| 1 | 2 | 3 | 4 | 5 |

2 Você é capaz de sentir quando alguém o está olhando.

| 1 | 2 | 3 | 4 | 5 |

3 Alguém que afirma ser capaz de ler os pensamentos está mentindo.

| 1 | 2 | 3 | 4 | 5 |

4 Se você está excitado o bastante, o seu estado mental pode ser sentido por alguém mesmo quando esse alguém não está olhando para você.

| 1 | 2 | 3 | 4 | 5 |

5 Algumas pessoas com um dom especial têm a capacidade de sentir os pensamentos ou as emoções das outras pessoas.

| 1 | 2 | 3 | 4 | 5 |

6 Sou capaz de sentir quando alguém ligado a mim está perturbado ou sofrendo, mesmo quando essa pessoa não está no mesmo lugar que eu.

| 1 | 2 | 3 | 4 | 5 |

VOCÊS SÃO COMPATÍVEIS ESPIRITUALMENTE

7 Se você aprender a se concentrar com a intensidade certa e eliminar as distrações, será capaz de captar as vibrações mentais ou pensamentos das outras pessoas.

| 1 | 2 | 3 | 4 | 5 |

8 Com o treinamento adequado, qualquer um é capaz de reproduzir os feitos demonstrados na TV por sensitivos e pessoas que se dizem capazes de ler a mente.

| 1 | 2 | 3 | 4 | 5 |

9 Estados emocionais muito fortes fazem o cérebro liberar um determinado tipo de energia ou vibração.

| 1 | 2 | 3 | 4 | 5 |

10 Se uma investigação de assassinato chega a um beco sem saída, a polícia não deveria hesitar em convocar um sensitivo ou médium.

| 1 | 2 | 3 | 4 | 5 |

11 É possível captar indicações sobre o que alguém está pensando apenas por olhar nos olhos dessa pessoa.

| 1 | 2 | 3 | 4 | 5 |

12 Todo tipo de mágica espetacular no estilo de David Blaine, que é capaz desde mudar a consistência de metais até levitar, é falso.

| 1 | 2 | 3 | 4 | 5 |

13 Os sensitivos podem dar bons conselhos, especialmente sobre relacionamentos ou a carreira profissional.

| 1 | 2 | 3 | 4 | 5 |

14 O próxima etapa na evolução humana pode ser o desenvolvimento da percepção extra-sensorial.

| 1 | 2 | 3 | 4 | 5 |

15 Você pode sentir quando está num lugar onde algo terrível aconteceu.

| 1 | 2 | 3 | 4 | 5 |

INTERPRETAÇÃO DOS RESULTADOS

Somem os seus pontos, deixando de fora as questões 3, 8 e 12. Assim vocês obtêm o seu primeiro total. Em relação às questões 3, 8 e 12, é preciso primeiro subtrair 6 de cada resultado antes de somá-los. Assim vocês obtêm o seu segundo total. Enfim, somem ambos os totais e terão o resultado final. Um resultado de mais de 55 pontos inclui vocês no campo do Carneiro, ao passo que um resultado inferior a 35 coloca vocês no campo do Bode.

Comparem os resultados finais e calculem a diferença. Essa é a sua classificação de compatibilidade Carneiro-Bode.

0-15 Altamente compatíveis — vocês provavelmente são ambos Bodes ou ambos Carneiros, ou ambos partes da zona central dos céticos, mas abertos a novas idéias.

16-45 Compatibilidade intermediária — vocês podem discordar quanto à existência da magia ou se o seu cachorro realmente sabe quando vocês estão a caminho de casa; mas esses problemas não chegam a incomodar.

46 em diante Carneiro versus Bode — embora as questões envolvidas não sejam graves, duas pessoas com atitudes tão polarizadas assim quanto à racionalidade e à credibilidade podem descobrir que suas personalidades se chocam. Se um de vocês é materialista ferrenho e o outro simpatiza com a magia, os seus conflitos podem ser maiores do que apenas ideológicos.

O QUE FAZER EM CASO DE DESARMONIA

Quando as conversas se transformam em discussões sobre crenças, as atitudes podem se radicalizar e os ânimos se exaltar. Em face de questões como os fenômenos paranormais, o meio-termo requer um equilíbrio entre postura crítica e a franca aceitação de tudo o que é novo. Essa é uma postura que reflete a necessidade das Regras para o Diálogo Construtivo (veja a pág. 154) para assegurar que os embates Carneiro-Bode mantenham-se num nível de respeito mútuo.

Vocês São Capazes de Interpretar Sinais Mentais?

Muitas filosofias e sistemas místicos e da Nova Era baseiam-se na teoria de que existem campos de energia ou até mesmo planos de existência além dos conhecidos pela ciência. De acordo com esses pontos de vista, num certo nível a mente humana é influenciada por esses campos ou planos, enviando vibrações, ondas ou sinais que podem ser captados por outras mentes. Essa é a teoria que está por trás da comunicação mental ou espiritual.

LIGADOS SUBCONSCIENTEMENTE

A maioria dos seres humanos não tem consciência de que esse tipo de sinalização acontece. De acordo com os céticos, isso simplesmente não acontece e as teorias místicas não teriam um fundamento verdadeiro. De acordo com os místicos, isso acontece porque estamos "muito próximos" da percepção consciente de sinais mentais, não obstante sermos capazes de apreender o processo num nível subconsciente, o que nos leva ao que conhecemos como palpites, coincidências, sentimentos, sonhos e desejos súbitos e inexplicáveis. As pessoas que são especialmente bem "sintonizadas" entre si, que têm o mesmo nível de compreensão, compartilham uma comunicação mental ou espiritual especialmente intensa: em outras palavras, as pessoas que têm grande afinidade devem ter uma ligação mental ou espiritual.

O Questionário

Independentemente de acreditar ou não na existência dos poderes mentais (veja Vocês Acreditam em Percepção Extra-sensorial?, pág. 138), este teste é um meio para avaliar as evidências de que você e o seu parceiro compartilham uma ligação mental. Aquele que responder a uma pergunta com um "sim" conta a seu favor o número de pontos indicado.

1 Alguma vez você sentiu dor ou desconforto repentino numa parte do corpo e, depois, descobriu que o seu parceiro teve uma sensação parecida na mesma região do corpo? 3 pontos

2 Alguma vez você soube exatamente o que o seu parceiro estava pensando só por trocar um olhar com ele? 1 ponto

3 Alguma vez você descobriu que você e o seu parceiro compraram ou conseguiram exatamente a mesma coisa (por exemplo, os mesmos doces, uma reserva num restaurante, um folheto de turismo, um presente de Natal) sem ter se falado? 2 pontos

4 Alguma vez você teve uma forte sensação de que algo teria acontecido ao seu parceiro e depois descobriu que aconteceu mesmo? 3 pontos

5 O seu parceiro liga para você quando você acabou de pensar nele ou vice-versa? 1 ponto

6 Amigos ou conhecidos comentam que você acabou de dizer a mesma coisa que o seu parceiro disse antes ou vice-versa? 1 ponto

7 Alguma vez você esteve num lugar sem o seu parceiro e sentiu que era um lugar especial e depois descobre que tem mesmo alguma importância para o seu parceiro que você não sabia (ou vice-versa)? 1 ponto

8 Alguma vez você se viu falando com uma pessoa aborrecida numa festa e desejou ardentemente que o seu parceiro aparecesse para livrar você da situação e ele apareceu mesmo? 1 ponto

9 Às vezes você pensa num filme diferente para assistir numa noite e em seguida o seu parceiro sugere o mesmo filme? 1 ponto

10 Alguma vez você ligou o telefone só para descobrir que o seu parceiro estava do outro lado da linha, ligando para você, mas a campainha do telefone ainda não tinha soado? 3 pontos

11 Passando a noite separados, alguma vez você acordou no meio da noite pensando no seu parceiro, só para descobrir que ele estava pensando em você naquele mesmo momento? 2 pontos

12 Alguma vez você e o seu parceiro tiveram os mesmos sonhos? 3 pontos

13 Quando vocês se conheceram, descobriram que tinham o mesmo:
Livro favorito? 1 ponto
Música favorita? 1 ponto
Filme favorito? 1 ponto
Lugar favorito? 1 ponto

VOCÊS SÃO COMPATÍVEIS ESPIRITUALMENTE?

INTERPRETAÇÃO DOS RESULTADOS

0-10 Eis uma boa prova de que vocês compartilham uma ligação mental ou espiritual entre si.

10-20 Algumas coincidências estranhas com certeza se manifestaram no seu relacionamento, mas mesmo assim muitas pessoas poderiam dizer o mesmo.

20 ou mais São muitas as estranhas coincidências, mas será que isso é uma prova para uma ligação mental ou espiritual, ou simplesmente uma amostra de que você e o seu parceiro realmente têm o mesmo comprimento de onda mental?

ATÉ QUE PONTO DEVEMOS LEVAR ISSO A SÉRIO?

A opinião dos céticos é a de que as "evidências" das ligações mentais ou espirituais do tipo descrito neste teste na verdade nada mais são do que uma prova de até que ponto se tem consciência da coincidência. De acordo com essa teoria, as coincidências afetam quase todos nós praticamente no mesmo nível, mas algumas pessoas são muito mais conscientes delas, e que por percebê-las têm muito mais probabilidade de interpretá-las como significativas. Isso aconteceria porque essas pessoas são propensas à magia ou à intuição, ou não são muito capazes de julgar as probabilidades, o que as torna mais inclinadas a pensar que uma coincidência tem menos probabilidade de acontecer apenas como resultado do acaso.

No entanto, mesmo se aceitarmos que as coincidências são apenas coincidências e nada mais, existem fatores que podem aumentar a probabilidade delas, como ter os mesmos gostos e hábitos, estar bem sintonizados com os processos de pensamento um do outro e se conhecer muito bem. Embora esses elementos possam não constituir uma ligação mental ou espiritual, certamente aumentam a compatibilidade.

Vocês Já Tiveram Experiências Paranormais?

A etapa final do nosso estudo sobre as posturas e experiências em relação aos fenômenos paranormais compreende uma análise das coisas que realmente aconteceram com você. Este teste investiga as suas experiências ou vivências no campo paranormal (além do âmbito do que é considerado normal, mas supostamente explicável em termos tanto das leis naturais existentes quanto das ainda não descobertas) e o sobrenatural (completamente além das esferas do mundo natural).

As pessoas que passam por experiências paranormais ou sobrenaturais geralmente são profundamente modificadas por elas. As crenças e atitudes comumente tendem a ser alteradas. Isso tem ramificações evidentes na compatibilidade do relacionamento. Um racionalista inveterado que nunca teve uma experiência "estranha" pode achar difícil relacionar-se com alguém que tenha passado por uma profunda experiência espiritual ou de natureza semelhante.

O Questionário

Este teste avalia diversas categorias do campo dos fenômenos estranhos. Em cada categoria há uma série de perguntas sobre as suas experiências, começando com as mais inofensivas e progredindo para os encontros mais fantásticos. A cada resposta afirmativa que vocês derem, marquem o número de pontos indicado.

Fantasmas

a Você já sentiu um ponto ou uma corrente de ar frio numa casa onde não deveria haver ninguém? 1 ponto

b Você alguma vez ouviu passos, batidas, lamentos, vozes ou gemidos em lugares/aposentos que deveriam estar vazios? 1 ponto

c Você alguma vez sentiu uma presença, mesmo sabendo que não havia ninguém presente? 2 pontos

d Você alguma vez viu uma forma ou figura aparecer do nada e desaparecer subitamente, como se atravessasse paredes/objetos? 3 pontos

Monstros

a Você alguma vez viu ou pensou ter visto um animal que parecesse não estar presente? 1 ponto

b Você alguma vez viu ou ouviu sinais de um ser estranho (por exemplo, pegadas enormes, uivos sobrenaturais)? 1 ponto

c Você alguma vez viu algum ser estranho, como um lobisomem? 3 pontos

OVNIs

a Você alguma vez viu uma luz ou forma no céu que não parecesse comportar-se normalmente (por exemplo, deslocando-se a grande velocidade, mudando de direção bruscamente)? 1 ponto

b Você viu um objeto ou aparelho voador de algum tipo que não se parecesse com nada que você viu na Terra? 2 pontos

c Você alguma vez viu um aparelho ou objeto voador que se comunicou com você ou deixou marcas da sua passagem (por exemplo, deixando impressões no solo, parando motores, causando queimaduras ou vermelhidões)? 3 pontos

Abduções por alienígenas

a Você alguma vez perdeu a noção do tempo (geralmente dirigindo o seu carro), como se tivesse ocorrido um salto no tempo? 2 pontos

b Você alguma vez sentiu uma presença estranha no seu quarto e uma pressão no peito, mas foi incapaz de se mexer? 2 pontos

c Você tem lembranças vagas de ir a bordo de um aparelho estranho ou de se encontrar com seres que não pôde reconhecer? 3 pontos

Experiências mentais ou espirituais

a Você alguma vez pensou em alguém em quem não pensava há muito tempo e essa pessoa lhe telefonou de repente? 1 ponto

b Você alguma vez soube de um determinado fato sobre uma pessoa sem que ninguém lhe contasse? 1 ponto

VOCÊS SÃO COMPATÍVEIS ESPIRITUALMENTE

c *Você alguma vez fez algo inusitado sem saber por quê, e depois descobriu que isso teve conseqüências inesperadas (p. ex., ir a pé a uma loja em vez de ir de carro, só para descobrir que houve um acidente naquela rua na mesma hora)?* 2 pontos

d *Você alguma vez pressentiu ou intuiu que algo aconteceu ao seu parceiro ou a outro ente querido, para descobrir mais tarde que você estava certo?* 3 pontos

Fenômenos religiosos/espirituais

a *Você alguma vez se sentiu guiado/protegido por uma presença amiga?* 2 pontos

b *Você alguma vez ouviu vozes?* 2 pontos

c *Você alguma vez teve uma experiência de sair do corpo (na qual parecia sair do seu corpo e flutuar acima dele, sendo capaz de olhar para si mesmo lá embaixo)?* 2 pontos

d *Você alguma vez teve uma visão?* 3 pontos

e *Você alguma vez teve uma experiência de quase-morte (na qual quase morreu e, nesse momento, pareceu ter uma experiência fora do corpo, com a vida passando diante dos seus olhos num lampejo/como se estivesse num túnel de luz)?* 3 pontos

Outras experiências

a *Você já perdeu algo e o encontrou num lugar onde sem sombra de dúvida já havia procurado?* 1 ponto

b *Você já viu coisas estranhas caindo do céu (como peixes, sapos)?* 2 pontos

c *Você já viu uma pessoa ou cena que pareceu ser de outra época ou lugar (conhecido como um desvio de tempo)?* 3 pontos

INTERPRETAÇÃO DOS RESULTADOS

Some os seus pontos e peça ao seu parceiro para fazer o mesmo. Em seguida, comparem os resultados. Uma pontuação menor que 10 é baixa e acima de 25 é alta. Se um parceiro obteve uma pontuação baixa e o outro alta, há incompatibilidade.

ATÉ QUE PONTO LEVAR ISSO A SÉRIO?

Os céticos irão observar que a maioria dos exemplos de fenômenos estranhos encontrada neste teste pode ser explicada de maneira racional. As perguntas sobre abdução por alienígenas, por exemplo, abrangem diversos aspectos comumente relatados dos fenômenos dessa natureza, mas a maioria desses casos poderia ter interpretações que nada têm a ver com fenômenos paranormais. Uma presença estranha no aposento, junto com uma pressão no peito e paralisia são elementos de um fenômeno chamado "paralisia do sono", provavelmente ligado a algum tipo de epilepsia lobo-temporal. As lembranças vagas de alienígenas ou de naves espaciais são mais difíceis de explicar, mas como normalmente apenas se manifestam em pessoas que passam por terapia hipnótica para "ajudá-las" a se lembrar, essas lembranças tornam-se extremamente suspeitas.

O que interessa no teste, porém, é analisar a sua vivência subjetiva de fenômenos estranhos, sejam quais forem as explicações. Alguém que apresente uma pontuação elevada neste teste pode, na verdade, ser um sensitivo, ou estar em contato com o mundo sobrenatural, ou pode simplesmente ser mais propenso ao pensamento mágico e ter uma personalidade "propensa à fantasia". Uma pessoa dessas tem menor probabilidade de ser compatível com alguém que nunca passou por nenhuma dessas experiências.

O QUE FAZER EM CASO DE DESARMONIA

OVNIs, fantasmas e monstros talvez não estejam muito bem cotados na sua lista de questões importantes para o relacionamento; portanto, vocês decidem se a incompatibilidade neste teste é ou não é uma grande coisa. Se vocês discordam em relação a essas questões, tentem não deixar que os seus desentendimentos se tornem pessoais; não vão se complicar depreciando os pontos de vista do parceiro. Como sempre, o respeito é fundamental. Vocês devem respeitar as opiniões do parceiro, mesmo que pareçam estranhas ou incompreensíveis.

Este último aspecto é especialmente relevante nesse campo. Pela sua própria natureza, os céticos e os "crentes" geralmente acham difícil concordar com as opiniões uns dos outros, porque isso iria contra as suas mais profundas crenças, as quais são importantes para a sua identidade pessoal. A solução é vocês se esforçarem para manter a mente aberta, ao mesmo tempo que mantém o pensamento crítico — examinem os "fatos", façam perguntas, questionem pressupostos, evitem discussões emocionais e considerem todas as alternativas.

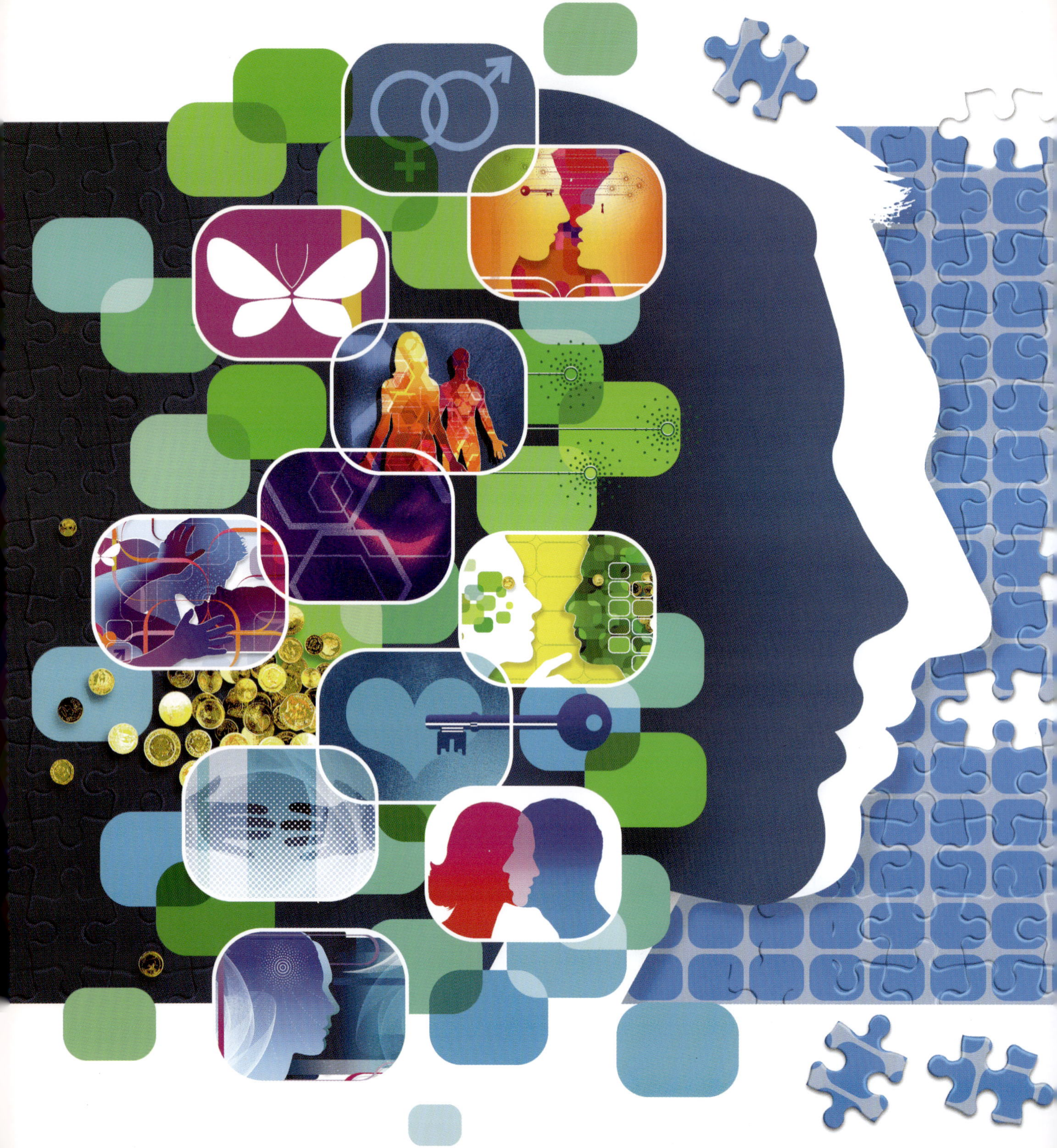

SEXTA PARTE

Considerando Todos os Resultados

A Sua Classificação de Compatibilidade Global

Se vocês dois fizeram todos os testes do livro, terão se submetido a mais de 50 avaliações de compatibilidade. Em algumas dessas avaliações, vocês talvez tenham se saído como altamente compatíveis, ao passo que quase certamente terão encontrado algumas incompatibilidades. Conforme devem ter percebido, alguns dos testes são mais sérios que outros, e os resultados obtidos com eles devem ser considerados com mais seriedade. Mas como saber quais são eles e que tipo de conclusão global deve tirar dos seus resultados?

Nesta parte do livro, vou mostrar como obter a Classificação de Compatibilidade Global (CG), combinando todos os pontos obtidos. Não é necessário ter feito todos os testes — a CG pode ser obtida com base apenas nos testes a que responderam.

COMO FUNCIONA A CG

O objetivo do sistema da CG é converter os resultados de cada teste numa forma pela qual possam ser combinados, levando em conta a importância do assunto, a procedência do teste e a confiabilidade do método de teste envolvido. Para tanto, atribui-se a cada teste um fator de peso que possa refletir esses itens.

COMO PREENCHER A TABELA

São necessárias quatro etapas para calcular a CG:

1. PADRONIZE A PONTUAÇÃO EM CADA TESTE

Em primeiro lugar, é preciso converter a pontuação de cada teste a uma forma padronizada que seja comparável à pontuação dos outros testes. Para simplificar, na maioria dos casos vou limitar as categorias passíveis de pontuação, de modo que cada teste defina se vocês se incluem numa categoria de compatibilidade, incompatibilidade ou intermediária (quando relevante), a menos que sejam oferecidas outras categorias específicas (por exemplo, o teste que mede as discussões). A Coluna 2 mostra a pontuação correspondente a cada uma dessas categorias. Prestem muita atenção à presença dos sinais positivos (+) ou negativos (−).

2. MULTIPLIQUEM PELO FATOR PONDERADO

Em seguida, multipliquem a pontuação padronizada pelo Fator Ponderado (FP) da Coluna 3. O FP considera com que seriedade um tema influencia a compatibilidade, ao mesmo tempo que procura refletir a eventual validade do teste usado para classificá-lo (alguns testes dependem de métodos de pontuação mais improvisados do que outros). Observem que alguns dos FPs são nulos — isso indica que o teste é "apenas para diversão". Lembrem-se de considerar os sinais +/− e também qualquer valor multiplicado por zero = zero. Na Coluna 4, anotem a sua pontuação padronizada multiplicada pelo respectivo FP.

3. SOMEM OS PONTOS PONDERADOS

Somem todos os pontos ponderados registrados na Coluna 4. Não se esqueçam de considerar os sinais +/− (por exemplo, a soma de −20 com −20 dá −40; a soma de −20 com +5 dá −15). A Coluna 5 mostra pontuações como exemplo.

4. SOMEM OU SUBTRAIAM O SEU TOTAL DA CLASSIFICAÇÃO DE COMPATIBILIDADE BÁSICA

Vocês começam com uma CG básica de 1.000. Para encontrar a sua CG, basta somar ou subtrair a sua pontuação (dependendo de ser positiva ou negativa) da CG básica. O que vocês obtêm com isso? (Vejam Qual Foi a Sua Pontuação?, pág. 151). Uma vez que vocês começam com uma classificação básica, não importa quantos testes vocês tenham concluído e em quais marcaram pontos, a sua classificação global ainda é válida e comparável à de quaisquer outras pessoas. No entanto, quanto mais testes vocês tiverem feito, mais exata será a sua CG final.

CONSIDERANDO TODOS OS RESULTADOS

Teste	Padronização da pontuação	Fator ponderado	A sua pontuação	Exemplo
Teste do Dedo Médio	Compatível = +100 Incompatível = -100	0,05		-5
D2:D4	Compatível = +100 Incompatível = -100	0,05		-5
Beleza	Compatível = +100 Incompatível = -100	0,3		-30
Simetria	Similar = +100 Moderadamente diferente = -50 Bem diferente = -100	0,05		-2,5
Camiseta Usada	Classificação da camiseta entre mais de 10 = Compatível = +100 Incompatível = -100	0,05		+5
Energia	Muito compatível = 100 Intermediário = 0 Incompatível = -100	0,8		0
Perfil Ideal	Quase idêntico = 100 Parecido = 50 Moderadamente difer. = -50 Bem difer. = -100	0,05		+2,5
Idade	Compatível = +100 Incompatível = -100	0,1		+10
Sono	Muito compatível = +100 Medianamente comp. = 0 Incompatível = -100	0,8		0
Histórico Sexual	Muito compatível = +100 Medianamente comp. = 0 Incompatível = -100	1		+100
Ousadia no Sexo	Muito compatível = +100 Medianamente comp. = 0 Incompatível = -100	0,8		+80
Fidelidade	Muito compatível = +100 Medianamente comp. = 0 Incompatível = -100	0,8		-80
Conversa	W, X ou Y = -100 Z = +100	0,7		-70
Libido	Compatível = +100 Incompatível = -100	0,4		+40

147

A Sua Classificação de Compatibilidade Global

Teste	Padronização da pontuação	Fator ponderado	A sua pontuação	Exemplo
Estilo Sexual	Muito compatível = +150 Compatível = +100 Depende = 0 Incompatível = -100	0,4		+60
Extroversão	Muito compatível = +100 Medianamente comp. = 0 Incompatível = -100	1		+100
Conscienciosidade	Muito compatível = +100 Medianamente comp. = 0 Incompatível = -100	1		-100
Abertura	Muito compatível = +100 Medianamente comp. = 0 Incompatível = -100	1		+100
Agradabilidade	Compatível = +100 Incompatível = -100	0,8		-80
Neurose	A = +150 B = 0 C = -50 D = -50	0,8		-40
Inteligência	Combinações compatíveis = +100 Combinações incompatíveis = -100	1		+100
Inteligência emocional	Ambos altos = +200 Ambos baixos = 0 Ambos médios = 0 Um alto, um baixo = -50 Um médio, um baixo = -100	1		-50
Criatividade (Impulsos artísticos)	Diferença de IG < 40 = +50 Diferença de IG 40–70 = -50 Diferença de IG >70 = -100	1		-50
Criatividade (Raciocínio criativo)	Compatível = +100 Incompatível = -100	0,8		-80
Senso de Humor	Muito compatível = +100 Medianamente comp. = 0 Incompatível = -100	1		+100
Limiar do Tédio	Compatível = +100 Incompatível = -100	0,8		+80
Felicidade	Compatível = +100 Incompatível = -100	0,6		-60

CONSIDERANDO TODOS OS RESULTADOS

Teste	Padronização da pontuação	Fator ponderado	A sua pontuação	Exemplo
Histórico de Vida	Compatível = +100 Incompatível = -100	0,6		-60
Ordem de Nascimento	Compatível = +100 Incompatível = -20	0,6		-12
Ambiente Familiar	Muito compatível = +100 Medianamente comp. = 0 Incompatível = -50	1		0
Preferências e Antipatias	Muito compatível = +100 Medianamente comp. = 0 Incompatível = -100	1		0
Elogios:Críticas	P:B > = +150 P:B 2–5 = -50 P:B < 2 = -150	0,8		+120
Estilo de Discussão	Verde = +150 Vermelho = -100 Azul = -50 Amarelo = -100	1		-50
Amor	Tipo 8 = +300 Tipos 5 e 6 = +100 Tipo 7 = +50 Tipos 2–4 = -50 Tipo 1 = -150	0,5		+25
Classe	Muito compatível = +100 Medianamente comp. = 0 Incompatível = -100	0,5		0
Posição	Muito compatível = +100 Medianamente comp. = 0 Incompatível = -100	0,2		+20
Amigos (Círculo de amizades)	Compatível = +100 Incompatível = -100	0,4		40
Amigos (Teste 2)	Compatível = +50 Incompatível = -100	0,6		30
Etnicidade	Compatível = +100 Incompatível = -50	0,5		-25
Crenças	Muito compatível = +100 Medianamente comp. = 0 Incompatível = -100	1		-100
Dinheiro (Ganhos atuais)	Muito compatível = +100 Medianamente comp. = 0 Incompatível = -100	0,8		+80

A Sua Classificação de Compatibilidade Global

Teste	Padronização da pontuação	Fator ponderado	A sua pontuação	Exemplo
Dinheiro (Posturas)	Muito compatível = +100 Medianamente comp. = 0 Incompatível = -100	1		0
Carreira	Muito compatível = +100 Medianamente comp. = 0 Incompatível = -100	1		0
Voto	Muito compatível = +100 Medianamente comp. = 0 Incompatível = -100	1		-100
Projeto de Vida	Muito compatível = +100 Medianamente comp. = 0 Incompatível = -100	1		-100
Astrologia	n.a.	0		--
Elementos e Humores	n.a.	0		--
Tarô	n.a.	0		--
I Ching	n.a.	0		--
Numerologia	n.a.	0		--
Grafologia	n.a.	0		--
Carneiro-Bode	Muito compatível = +100 Medianamente comp. = 0 Incompatível = -100	0,3		-30
Ligações Espirituais	Muito compatível = +100 Medianamente comp. = 0 Incompatível = -100	0,1		+10
Fenômenos estranhos	Compatível = +100 Incompatível = -100	0,2		+20

CONSIDERANDO TODOS OS RESULTADOS

INTERPRETAÇÃO DOS RESULTADOS

Como exemplo, imagine que você fez todos os testes e marcou um total geral de −7, o que reflete um bom padrão de flutuação dos resultados, nos quais, com uma porção de testes você marcou uma grande quantidade de incompatibilidade, mas muitos outros nos quais você e o seu parceiro pareceram estar em sincronia. Para encontrar a sua CG, simplesmente some ou, neste caso, subtraia (por causa do sinal de menos) 7 da sua CG básica de 1.000, obtendo 993. Isso encaixa você diretamente na classificação de compatibilidade intermediária (veja abaixo).

QUAL FOI A SUA PONTUAÇÃO?

CG 3.000 e acima Você e o seu parceiro são feitos um para o outro. Vocês têm uma porção de coisas em comum e compartilham características essenciais de personalidade, metas e crenças. Com um pouco de trabalho, esse relacionamento pode lhes proporcionar uma felicidade duradoura.

CG 1.500-3.000 Você e o seu parceiro são altamente compatíveis, mas em diversos setores não estão completamente em sincronia. Talvez às vezes, tenham de se esforçar muito, mas contam com sólidos fundamentos sobre os quais erigir um relacionamento estável.

CG 500-1.500 Você e o seu parceiro são medianamente compatíveis. O seu relacionamento tem muitos pontos positivos e também uma porção de pontos negativos. Só vocês sabem exatamente quais setores estão prejudicando a compatibilidade e só vocês podem julgar se esses setores podem ou não prejudicar o relacionamento. Se quiserem se esforçar e dar ao compromisso a atenção que ele merece, poderão ter uma relação compensadora a longo prazo.

CG 100-500 Você e o seu parceiro podem não ser compatíveis. A decisão de terminar o relacionamento nunca é fácil, mas há uma hora em que é preciso considerar o que é melhor para vocês a longo prazo.

CG MENOR QUE 100 Aparentemente, você sentiu que algo estava acabado no seu relacionamento antes de começar a ler este livro. Se não, acorde! Parece que você e o seu parceiro são a pior coisa que poderia acontecer um ao outro, no mínimo a longo prazo. Considerem o seu futuro juntos com muito cuidado.

Plano Hodson para o Relacionamento Perfeito

Os antigos romanos costumavam dizer que não existe ser humano perfeito. Eu não discordo, mas não é verdade que todos nós buscamos ter o relacionamento mais seguro e amoroso possível? No entanto, entre um terço e metade das pessoas que se casam acabam fracassando. O índice de divórcios entre as pessoas que se casam prematuramente é ainda maior. Portanto, os nossos modelos ideais estão precisando de uma ajuda prática. De saída, presumo que todos estejam de acordo que é da maior importância a transparência na comunicação. Sem um método de solução de problemas e de esclarecimento satisfatório na vida em família fica difícil evitar os conflitos fatais (veja as Regras para o Diálogo Construtivo, págs. 154-5).

A minha primeira sugestão é tratar o relacionamento como algo "maior do que vocês". O casamento, por exemplo, é uma pergunta, não uma resposta. Você não é capaz de controlar a forma, o curso e o resultado dele. Seja humilde o bastante para aceitar que algumas coisas darão errado. Se não puder ter o que quer, você poderá contentar-se com o que conseguir? Ou querer um pouco mais do que queria à primeira vista? Tente não fugir da raia apenas porque existe um desentendimento. O gramado pode parecer mais verde do outro lado da montanha, mas também acabará se desgastando se você continuar socando-o com os pés.

Em segundo lugar, um relacionamento que não evolui está morrendo. Vocês não têm um relacionamento só porque a lei diz isso. "Nós somos casados" não é garantia de segurança. Hoje em dia, poucas pessoas precisam de um parceiro para sobreviver economicamente e, assim, o sucesso de um relacionamento depende da qualidade da intimidade entre duas pessoas. Esta, por sua vez, depende da qualidade da compatibilidade entre as duas pessoas, e esta, por sua vez, depende de vocês estarem preparados para fazer o esforço necessário para manter vivo o relacionamento.

Em terceiro lugar, um relacionamento excelente precisa que as duas pessoas reajam às circunstâncias das mudanças mais ou menos na mesma proporção. Segundo a lei da vida, as mudanças são constantes, mas infelizmente algumas pessoas fingem que não estão envelhecendo, ou continuam agindo como crianças muito tempo depois do que deviam. Surgem acusações do tipo: "O seu problema é que você mudou!" Seguidas da resposta: "E o seu problema é que você não mudou!"

O quarto requisito é tentar manter o respeito. Na maioria das vezes, você poderá odiar o comportamento do seu parceiro. Mesmo que

20 REQUISITOS PARA O RELACIONAMENTO PERFEITO

1 Ser capaz de pedir desculpas — no dia seguinte.

2 Ser capaz de esperar que o outro peça desculpas — no dia seguinte.

3 Ter interesses pessoais em comum, manias parecidas, vícios e virtudes complementares.

4 Confiar na opinião do outro.

5 Gostar de um silêncio/distanciamento mútuo.

6 Permitir a expressão das ansiedades mais desagradáveis e reprimidas.

7 Sempre encorajar o outro verbalmente.

8 Interpretar os humores do outro.

9 Assumir o segundo lugar sempre que possível.

10 Assumir a precedência sempre que possível.

11 Aprender com a experiência do outro — no trabalho/em casa — de modo que um seja capaz de substituir o outro.

CONSIDERANDO TODOS OS RESULTADOS

12 Desde o primeiro dia, dividir as responsabilidades econômicas.

13 Dirigir críticas construtivas/ser positivo — "Prefiro isso..." "Não tolero aquilo...".

14 Ser solidário — especialmente nos momentos difíceis.

15 Planejar as horas de lazer e aproveitá-las.

16 Ser aberto a novas idéias ou adaptar-se às mudanças (idade/ aparência/ capacidade/ hábitos) mais ou menos no mesmo ritmo ou proporção.

17 Atacar um problema com unhas e dentes quando for preciso resolvê-lo.

18 Respeitar a família do outro — dentro de limites razoáveis.

19 Saber perdoar.

20 Aprender a gostar da vida doméstica — afinal, todos gostamos de uma poltrona confortável.

seja de egoísmo ou indiferença, é sempre melhor evitar rotulá-lo. Em vez de dizer: "Você é insuportável", especifique quais dos atos dele você não pretende mais tolerar. Em vez de classificá-los como "falhas", atribua-lhes escolhas definidas. "Ou você conversa a respeito comigo ou vou começar a perder o interesse em nós. É isso que você quer? Você decide."

O quinto requisito refere-se ao respeito ao espaço pessoal. Ninguém quer realmente viver sob a influência dos estranhos fetichismos por roupas de alguém ao lado da sua evidente necessidade de uma terapia pessoal. Todos temos um relacionamento muito importante a manter, não só com os outros mas com nós mesmos. A solidão é tão boa para a alma quanto o contato com as outras pessoas. Ficar juntos apenas por uma questão de sexo, ou sem contar com uma afinidade mais profunda, tendo que explicar tudo nos mais mínimos detalhes, é condenar o relacionamento a um beco sem saída. Portanto, antes de se envolver numa relação com uma pessoa adulta, assegure-se de que é capaz de ter uma vida independente. Isso lhe dá uma força enorme para enfrentar as dificuldades que virão.

O sexto ponto é uma questão de respeito às prioridades. Se vocês estão num relacionamento "básico", a palavra implica que quando chega um momento crítico você coloca a outra pessoa em primeiro lugar. É claro que haverá conflitos de interesse — por exemplo: você preferiria estar num restaurante a ter de cuidar da gripe do seu parceiro ou indo ao enterro da mãe dele, mas lembre-se de que você não está só "fazendo isso pelo relacionamento", mas também por si mesmo.

Finalmente, entenda que o que interessa em última análise é a sua satisfação. Você pode ficar satisfeito com belas palavras de amor, mas o que "importa" de verdade é o que você faz. Se você continua chamando o outro de "doçura" mas está sempre amargo, não está cumprindo o que diz. Se você diz que ama o parceiro mas continua a menosprezá-lo ou minando a confiança dele, é mais provável que você não goste dele ou mesmo o odeie. Na verdade, o amor não se expressa em gestos grandiosos de generosidade financeira, mas em pequenas e coerentes manifestações de respeito e carinho no dia-a-dia. Um beijo no rosto; um carinho ao passar. Só isso pode "comprar" o amor; só isso faz com que o amor perdure.

As Regras para o Diálogo Construtivo

A regra número um do relacionamento é que a comunicação é fundamental. A comunicação é a lente através da qual passam os problemas do seu relacionamento. Se vocês têm dificuldade de comunicação, os seus problemas parecerão maiores; na melhor das hipóteses, eles podem ser minimizados. Quando a comunicação falha, vocês dois ficam no escuro. Não existe volta. A sua sina será uma conversa de surdos ou um empate mal-humorado. É por isso que acho uma boa idéia concluir este livro com um rápido resumo das regras para o diálogo construtivo.

Se vocês seguirem estas regras serão capazes de discutir praticamente qualquer assunto e chegar a uma conciliação ou solução sem se magoar. No mínimo, manterão o respeito mútuo, evitando que uma situação já difícil se complique ainda mais. Obviamente, se o relacionamento já está em processo de dissolução e a boa vontade acabou, provavelmente será inútil pensar que sairão dessa sem ajuda profissional. No caso, suponho que os sentimentos ainda não estejam totalmente fora de controle. No início do relacionamento, tudo é sempre mais interessante do que se espera. Mas, quando duas pessoas começam a viver juntas, as coisas não são tão simples. Na verdade, acontece uma colisão entre dois sistemas familiares diferentes. Nessas diferenças incluem-se coisas como a atitude em relação a religião, alimentação, organização e limpeza, cumprimento de horários, raiva, vícios de linguagem, até mesmo higiene. "Nós fazemos as coisas desta maneira — vocês fazem daquela." De qualquer maneira, o conflito é normal num relacionamento saudável. Em muitas ocasiões, seres humanos saudáveis e bem-dispostos deixam de concordar sobre "o que fazer agora". As pesquisas sobre relacionamentos bem-sucedidos revelam que o que conta não é vocês terem ou não desavenças, mas sim a maneira como as enfrentam. Aprender a controlar as diferenças em vez de transformá-las em agressividade ou mau humor infantil constitui a maior parte do problema. O resto resume-se a aprimorar a capacidade de se comunicar aplicando as regras dadas a seguir.

AS 12 REGRAS PARA O DIÁLOGO CONSTRUTIVO

1 Encontrem tempo para conversar. Cheguem mesmo a "marcar uma reunião", em que os dois possam expor os seus pontos de vista de modo sistemático e ter uma discussão adequada.

2 Definam o horário com cuidado — nada de marcar para antes de dormir, ou para quando estiverem cansados, deprimidos ou com fome.

3 Custe o que custar, não procurem "obstruir" uma discussão, nem se recusar a ter a discussão. Pode ser que um de vocês não esteja em condições de conversar no momento, porque está aborrecido demais ou com raiva, mas no mínimo você deve concordar em conversar mais tarde. Pelo que tem sido demonstrado, a obstrução à discussão é o comportamento mais destrutivo numa relação a dois. É algo que os homens fazem mais que as mulheres (muito embora, à vezes, ambos sejam culpados), porque eles são mais avessos a críticas, que consideram como um desafio frontal à sua masculinidade.

4 Definam antecipadamente quanto tempo pretendem gastar na discussão, mas também admitam que tanto um quanto o outro podem pedir "prorrogações", se preciso.

5 Aprendam a ouvir e entender o que é dito: a) quando um fala, o outro ouve sem interromper; b) em seguida, o que ouviu resume o que o outro disse; c) depois, o que falou primeiro concorda sobre o que foi dito; d) só então o segundo responde. Com isso, o ouvinte assimila o que é dito e se evitam os mal-entendidos.

CONSIDERANDO TODOS OS RESULTADOS

6 Pode ser interessante adotar um símbolo de autoridade — uma caneta ou um maço de chaves servem — e concordar que "o único que pode falar é quem está de posse do 'símbolo' mágico". Joguem uma moeda para ver quem começa. Quando a pessoa "A" tiver dito o que pretendia e foi entendida, passa o símbolo mágico para a pessoa "B".

7 Exponham as suas diferenças. Assegurem-se de entender o que o outro diz. Cada um deve ter permissão para falar livremente "sobre qualquer assunto", mas não se sintam na obrigação de resolver cada desentendimento. Ouvir sem fazer comentários retaliatórios é uma das técnicas básicas da solução de conflitos.

8 Usem uma linguagem sem julgamento. Digam: "Eu preciso..." ou "Eu acho que..." em vez de "Você está..." ou "Você sempre..." ou "Você nunca...". O verbo "ser/estar" é usado para julgamentos e pode ser destrutivo, pois o que cada um "acha" é exclusivamente pessoal. Com base nisso, não se pode rotular a outra pessoa.

9 Lembrem-se de que o objetivo não é sair vitorioso — quando "vencemos", é o relacionamento que perde. Isso põe a nu uma grande diferença entre o ambiente profissional e o doméstico. Na vida profissional, a idéia é ganhar um contrato, vender com lucro, superar os outros. A essência do capitalismo é a competição. Mas viver em família segundo esses mesmos valores significa destruir o relacionamento. ("Provar" de maneira convincente que o cônjuge é incompetente, por exemplo, sugere, antes de mais nada, que você mesmo foi incompetente em se casar com essa pessoa!)

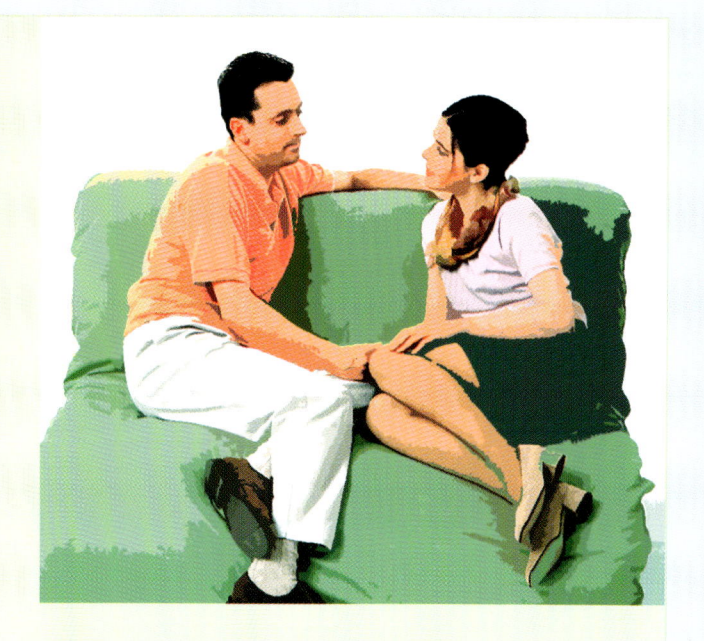

10 Estabelecidas as diferenças, aprendam que é certo aceitá-las. É perfeitamente correto ter uma certa diferença, mesmo em assuntos sérios como política ou religião. Viver um bom relacionamento íntimo não significa adotar as mesmas opiniões.

11 Procurem com insistência um acordo ou compromisso. O que você daria para obter algo de que precisa? Ninguém consegue tudo; portanto, a conciliação é essencial.

12 Tentem encontrar um ponto de vista em comum. Lembrem-se: essa é a primeira perda do conflito, quando nos concentramos no que perdemos, no que queremos, ou no que deixamos de ganhar. Geralmente, só depois de sofrer os danos causados por um conflito grave é que entendemos o que perdemos no esforço de "ganhar" algo mais.

ÍNDICE REMISSIVO

A

acupuntura 124
adivinhação 120, 121
   I Ching 130-33
   tarô 121, 126-9
Adler, Alfred 80
afeição 34-5, 153
afirmações 19
agradabilidade 26, 51, 58-9
Água 122, 124
álcool 24
alimento veja nutrição
alquimia 124
altruísmo 58
altura 14
amizades 99, 104-5
amor 6, 9-10, 92-5, 98-9, 153
amor consumado 95
amor cortês 98
amor emocional 9-10
amor insensato 95
amor romântico 6, 95, 98
Anderson, dr. Cameron 11
animais 20
ansiedade 60
antagonismo 58
antecedentes étnicos 8, 62, 99, 106-7
antropologia 16
apnéia 31
apofenia 129, 133
aptidão 15, 24
Ar 122, 124
Aristóteles 136
arquétipos 126

Ásia 122, 126
aspirações 9, 99, 106
assertividade 153
astrologia 120, 121, 122-3
atenção, duração da 24
atitudes conservadoras 56
atração 14-15, 35
auto-estima 18, 19
Ayurvédica, medicina 124

B

Babilônia 122
baralho 126
Barnum, Phineas Taylor 121
beleza 15, 18-19
Berna, Universidade de 22
Bíblia 72
biologia 22, 35
Burton, Richard 11
busca de emoções 74, 76

C

caligrafia veja grafologia
Caminho da Vida, números do 134-5
campos de energia 140
camundongos 22
carreiras 87, 99, 112-13, 116
Carroll, Robert Todd — The Skeptic's Dictionary 121

cartas do baralho 126
casamento 152
casamentos arranjados 6, 98
celibato 35
censura 88-9
cheiro 15, 22-3
China 130, 136
ciúme 41
classe 8, 62, 98-9, 100-101
classificação de compatibilidade global 10-11, 146-51
coincidências 140, 141
companheirismo 95
compatibilidade 46-7
compatibilidade econômica veja compatibilidade social
compatibilidade espiritual 120-21
   astrologia 120, 121, 122-3
   elementos 122, 124-5
   grafologia 121, 136-7
   I Ching 130-33
   numerologia 134-5
   percepção extra-sensorial 121, 138-9
   Tarô 121, 126-9
   telepatia 140-41
compatibilidade física 14-15
   beleza 15, 18-19
   cheiro 15, 22-3
   comprimento dos dedos 8, 16-17
   energia 24-5
   idade 15, 28-9
   perfis 26-7
   simetria 15, 18, 20-21
   sono 15, 30-31

compatibilidade psicológica 50-51
   agradabilidade 26, 51, 58-9
   amor 6, 9-10, 92-5, 98-9, 153
   argumentos 26, 34, 90-91
   conscienciosidade 51, 54-5
   criatividade 51, 56, 70-71
   experiência 78-9
   extroversão e introversão 52-3
   família 51, 82-3, 104, 106, 116, 152, 153
   felicidade 76-7
   gostos 8, 51, 84-7, 125
   humor 51, 72-3
   inteligência 62-5
   inteligência emocional 26, 51, 66-9
   neurose 51, 60-1
   ordem de nascimento 80-81
   receptividade 51, 56-7, 70, 76, 139, 153
   relação elogios:críticas 88-9
   tédio 51, 74-5
compatibilidade sexual 8, 34-5, 46-7
   comunicação 37, 42-3
   experiência 35, 36-7
   fidelidade 40-41, 55
   libido 44-5
   posturas 35, 38-9, 40
compatibilidade social 98-9
   amizades 99, 104-5
   antecedentes étnicos 8, 62, 99, 106-7
   carreiras 87, 99, 112-13, 116
   classe 8, 62, 98-9, 100-101

ÍNDICE REMISSIVO

crenças religiosas 8, 87, 99, 108-9, 155
dinheiro 98, 99, 106, 110-11, 153
lugar de origem 102-3
opiniões políticas 8, 99, 114-15, 155
planos de vida 87, 99, 116-17
competência do desenvolvimento 20
complementaridade 8-9
comprimento dos dedos 8, 16-17
compromisso 6, 92-5
comunicação 10-11, 152, 154-5
sexo 37, 42-3
conciliação 155
confiança 58
conflitos 6, 8, 152, 154
discussões 26, 34, 90-91
conscienciosidade 51, 54-5
contraparentes 153
convergência emocional 11
cooperação 58
crenças religiosas 8, 87, 99, 108-9, 155
criação 51
criatividade 51, 56, 70-71
crises 72
crítica 88, 152, 154
Cummins, professor Bob 77

D

depressão 60, 72
desafeição 95
desarmonia
agradabilidade 59
amizades 105
antecedentes étnicos 107
astrologia 123, 125
beleza 19
carreiras 113
cheiro 23
classe 101
conscienciosidade 55
crenças religiosas 109
criatividade 71
dinheiro 111
discussões 91
energia 25
experiências 79
extroversão e introversão 53
família 83
felicidade 77
fenômenos paranormais 139, 143
grafologia 137
humor 73
idade 29
desculpar-se 152
diálogo 37, 111, 113, 139, 152, 154-5
diálogo construtivo 37, 111, 113, 139, 152, 154-5
Dimensão Carneiro-Bode 138-9
dinheiro 98, 99, 106, 110-11, 153
discussões 23, 34, 90-91
diversão 7, 72, 74, 153
doze regras para o diálogo construtivo 154-5

E

educação 8
efeito halo 18
Egito antigo 8, 126
egoísmo 58
elementos 122, 124-5
elogios 88-9
encorajamento 152-3
endogamia 8
endorfinas 72
energia 24-5
escrita 130
espaço pessoal 152, 153
esporte 74, 75
estabilidade 51, 60, 61
estética 106
ética 55, 106
exercícios físicos 29
experiências 51, 78-9
paranormais 121, 138, 142-3
sexuais 35, 36-7
extroversão 51, 52-3

F

faces: veja rostos
família 51, 82-3, 104, 106, 116, 152, 153
criação da família 99
fascinação 95
férias 24, 25
feromônios 23
festas 24, 25
fidelidade 40-41, 55
filhos 6, 9-10, 15, 26, 27, 82-3, 99, 101, 116
ordem de nascimento 54, 80-81
fitoterapia 124
Fogo 122, 124
forma do corpo 8
Freud, Sigmund 44

G

genética 8-9, 14-15, 20, 51
compatibilidade genética 32, 33
felicidade 76
gostos 8, 51, 84-7, 125
grafologia 121, 136-7
Grécia antiga 124, 136

H

Holmes, dr. Thomas 78
homens 6-7, 114, 154
níveis hormonais 16-17, 18
homeopatia 124
humor 51, 72-3
humores 152

ÍNDICE REMISSIVO

I

I Ching 130-33
idade 15, 28-9
    biológica 28-9
    cronológica 28
ideais 9, 152
imaginação 51, 56-7
impulsos artísticos 56, 70
incesto 14
incompatibilidades
    gostos 87, 125
    inteligência 63, 65
    inteligência emocional 69
    lugar de origem 103
    neurose 60-61
    numerologia 135
    ordem de nascimento 81
    perfis 27
    planos de vida 117
    política 115
    receptividade 57
    relação elogios:críticas 89
    sexo 37, 39, 41, 43, 45, 47
    simetria 21
    sono 31
    tédio 75
inconsciente coletivo 126
independência 153
Índia 124
Indicador do Bem-estar Pessoal 77
indiferença 95
inteligência 8, 62-5
    emocional 26, 51, 66-9
intimidade 34-5, 92-5, 152

introversão 50-51, 52-3
intuição 121
Iraque antigo 122
irritabilidade 51, 58
Itália 126

J

Janda, Louis et al 62
Jung, Carl 126, 129

L

lar 116
lazer 116
lealdade 55
libido 44-5
lugar de origem 102-3
luz solar 28, 29

M

magia simpática 120
medicina chinesa 124
    complementar 124
metabolismo 24, 25
misticismo 140
modelos 26-7
moralidade 55

mulheres 6-7, 114, 154
    níveis hormonais 16-17, 23

N

natureza versus criação 51
negatividade 60-61
    esquema negativo 65
neurose 51, 60-61
níveis de fadiga 24
níveis hormonais 16-17, 18
Nova Era 140
nutrição 14, 20, 29
    hábitos alimentares 24, 25

O

obstrução 154
opiniões políticas 8, 99, 114-15, 155
opostos 8, 16, 99
ordem de nascimento 54, 80-81
ouvir com atenção 154

P

pais 6, 9-10, 80, 82-3
paixão 92-5
paralisia do sono 143
paranormais, fenômenos 121, 138, 142-3
parapsicologia 138
pássaros 20
passatempos 24, 102
percepção extra-sensorial 121, 138-9
perdão 153
perfis 26-7
personalidade 50, 81, 99, 102, 138
peso 14, 31
pessoas solteiras 6
plano para o relacionamento perfeito 152-3
planos de vida 87, 99, 116-17
poluição 28, 29
posturas 56, 99
    sexo 35, 40, 38-39
posturas liberais 40, 56
preferências veja gostos
prioridades 153
problemas 153
problemas financeiros 99
psicologia 18
    evolutiva 9
    positiva 76-7

Q

quiromancia 120, 121

R

raça veja antecedentes étnicos
radicais livres 29

ÍNDICE REMISSIVO

Rahe, dr. Richard 78
receptividade 38-9, 51, 56-7, 70, 76, 139, 153
regras para o diálogo construtivo 154-5
relacionamentos 58-9, 61, 66-7
    amigos 99, 104-5
    amor 95
    avaliações mentais ou espirituais 121
    comunicação 10-11, 37, 42-3, 152, 154-5
    crescimento 152
requisitos para o relacionamento perfeito 152-3
resistência a doenças 15, 20, 22
respeito 89, 90, 139, 152-3
riso 72
Roma antiga 124, 136, 152
rostos 18, 20-21
    perfis 26-7

S

saúde 20, 28-9, 116
Seligman, dr. Martin 76
semelhança 8-9, 106, 152
semelhança:atratividade 14-15, 35
simetria 15, 18, 20-21
simpatia 95
sociabilidade 50-51
solidário 153
sonhos 140, 141
sono 15, 30-31

Sternberg, Robert 92, 94, 95
stress 72
subconsciente 121, 129, 140
Sudeste Asiático 122

T

tabagismo 28, 29
Tarô 121, 126-9
Taylor, Elizabeth 11
tédio 51, 74-5
telepatia 140-41
televisão 8, 9, 25, 31, 84
terapia 11
Terra 122, 124
timidez 50, 52
traços de caráter 50-51, 81, 99, 102, 138
trigrama 131-3

V

valores 55, 99, 106
    culturais 106-7
viagem 116
vida doméstica 153
vínculo conjugal primário 35
vinte requisitos para o relacionamento perfeito 152-3
visualização 19
vivências veja experiências

X, Y, Z

xamanismo 130
yin e yang 130 131
Zodíaco 122-3

AGRADECIMENTOS

O autor gostaria de agradecer a:
Minhas ex-, por me ensinar sobre incompatibilidade — e à minha família, amigos e colegas de faculdade, pela lição contrária. Um agradecimento especial a Joel Levy, sem quem este livro não teria sido concluído. Também devo muito aos meus clientes, por compartilharem comigo informações privilegiadas durante muitos anos. Um grande crédito deve ser dado a Amy Carroll, por sugerir o projeto, e a Louise Dixon, pela edição especializada do texto.
Philip Hodson, Londres, junho de 2004.

Carroll e Brown gostariam de agradecer aos seguintes profissionais:
Ilustradores David Newton e John McFaul
Assistente suplementar de projeto Jim Cheatle
Produtora Karol Davies
Computação gráfica Paul Stradling
Revisão Geoffrey West
Indexação Helen Snaith

As ilustrações nas págs. 126-9 são da Universal Waite Tarot Deck® e foram reproduzidas com permissão de U. S. Games Systems, Inc., Stamford, CT 06902 USA. Copyright © 1990 de U. S. Games Systems, Inc. Todas as reproduções proibidas. A Universal Waite Tarot Deck® é marca comercial registrada de U. S. Games Systems, Inc.